COLLECTION S.FISCHER Dieses Stück zeigt das Leben Jean Henry Dunants, der ein guter Mensch sein wollte und dabei die Menschen kennenlernte.

Es zeigt das Leben der Bürger und ihrer Geschäfte in der Mitte des 19. Jahrhunderts.

Es zeigt den Aufstand der Commune in der Stadt Paris.

Das Porträt eines Einzelnen und einer Gesellschaft. Hier die Bürger, die Fortschritt und Zivilisation sagen. Und dort die Arbeiter, die Freiheit und Revolution wollen. Dazwischen Dunant, der sich verheddert zwischen dem, was er fühlt und dem, was er zu sagen gelernt hat. Der über einem grausamen Geschehen zerbricht, und der im Alter nur noch Worte ohnmächtiger Wut hat.

In einer großen Collage bringt Forte die Welt eines Jahrhunderts auf die Bühne: Bankiers und Generale, Bischöfe und Industrielle, Kurtisanen und Journalisten, Fabrikarbeiter, Näherinnen und Buchdrucker, den Gouverneur der Bank von Frankreich, Bettler und Börsianer, Bürger und Communarden.

Was in der »Einführung der Buchhaltung« (Luther/Münzer) angelegt war, setzt sich in der »Einführung der Zivilisation« (Dunant) fort: die Mathematisierung der Welt. Die Herrschaft der Zahlen, die die Welt in einen unaufhörlichen Konflikt treibt.

Dieter Forte

Jean Henry Dunant *oder* Die Einführung der Zivilisation

Ein Schauspiel

S. Fischer Verlag

Collection S. Fischer

Herausgegeben
von Thomas Beckermann

Band 1
Veröffentlicht im Fischer Taschenbuch Verlag GmbH

Aufführungsrechte: Verlag der Autoren, Frankfurt am Main
Umschlagentwurf: Atelier Rambow, Lienemeyer, van de Sand
Satz: Willibald Tutte, Passau
Druck und Einband: Clausen & Bosse, Leck
Printed in Germany 1978
ISBN 3 596 22301 6

Für Marianne

Die Ideen der Gerechtigkeit und der Solidarität müssen die Gesetze der Welt sein und sie werden es sein. *Commune, 21. Mai 1871*

Die Sache der Gerechtigkeit, der Ordnung, der Humanität, der Zivilisation hat gesiegt. *Thiers, 22. Mai 1871*

Ich will begraben werden wie ein Hund. *J. H. Dunant*

Personen

DUNANT
MONSIEUR PAUL, Bankier
SCHNYDER, Großindustrieller
VON MORNAI, Parlamentspräsident
BLANCHE, Kurtisane
DAVID, Journalist
GENERAL
BISCHOF
LOUISE, Näherin
JEANNOT, ihr Vater, Tapezierer
PÉPÈRE, ihr Mann, Schlosser
SASCHA, ihr Sohn, Buchdrucker
Arbeiterin
1. Arbeiter
2. Arbeiter
3. Arbeiter
1. Bürger
2. Bürger
3. Bürger
1. Bürgerin
2. Bürgerin
3. Bürgerin

1. Delegierter der Commune
2. Delegierter der Commune
3. Delegierter der Commune
Gouverneur der Bank von Frankreich
Missionar
Kolonialoffizier
Nick, Geschäftsmann
Monsieur Pauls Frau
ein Kind
Hotelier
Würdiger Herr
Bettler
Börsianer

Bohnermeister
Aufseher
Agitator
Museumsführer

Feldprediger
1. deutscher Offizier
2. deutscher Offizier
3. deutscher Offizier
Bismarck
Napoleon III

Bürger, Arbeiter, Soldaten

Das Stück spielt von 1848—1871.
Hauptschauplätze sind Genf und Paris.

Auf der Bühne, in Mannshöhe, eine hufeisenförmige Empore auf schlanken Eisensäulen. Rechts und links an ihrem Ende an den Portalen je eine leicht gewundene Treppe.
In der Mitte hinten eine große, ausladende Haupttreppe, unten zweigeteilt, auf halber Höhe sich vereinigend, ein Zwischenpodest bildend auf einem pompösen, weit in den Raum ragenden Vorbau.
Unter der Empore, in einem kaum wahrnehmbaren Halbdunkel, stehen Maschinen.
Über dem Ganzen wölbt sich eine riesige Kuppel, eine Glas- und Eisenkonstruktion.

1 Bewerbung

Börsenhandel auf der Empore. Herren in schwarzem Gehrock und schwarzer Hose gestikulieren wild, schreien Zahlen, dazwischen Worte: »an Sie, für mich, von Ihnen, ich geb, ich nehm, Geld, Brief. – Banque de France, Paris-Orléans, Straßburg-Basel, Générale, Nationale, Union.«
Dunant in schwarzem Gehrock und schwarzer Hose steht mit dem Rücken zum Publikum an der Rampe und schaut zu.

PAUL *über eine der Seitentreppen von der Empore herabsteigend* Was kann ich für Sie tun? Ich habe wenig Zeit.

DUNANT Wie ich hörte, suchen Sie einen jungen Mann für Ihr Bankgeschäft.

PAUL Sind Sie versiert? Aktien, Börse?

DUNANT Von der Börse verstehe ich leider nichts, auch nichts von Aktien.

PAUL *ruft den Börsenhändlern zu* Bei mir Union 7 Geld, 7 Geld Union. *Zu Dunant* Sind Sie an der Stelle ernsthaft interessiert?

DUNANT Selbstverständlich würde ich mir größte Mühe geben –

PAUL *zu den Börsenhändlern* Hier 7 Union, 10000, von Ihnen an mich. *Zu Dunant* Was haben Sie bisher gemacht?

DUNANT Ich habe meine Zeit bisher vorwiegend dem Schicksal meiner Mitmenschen gewidmet, den Schwachen und Bedürftigen –

PAUL Sozialist?

DUNANT Genfer Bürger. Ich bin Mitglied einer Almosengesellschaft.

PAUL Aktiengesellschaft wär mir lieber.

DUNANT Jedes Mitglied betreut eine Gruppe Arme und Kranke. Ich sorge für einige alte, gelähmte Frauen.

PAUL *zu den Börsenhändlern* Von mir Union 9 Brief. Ich gebe Union 9 Brief.

DUNANT Ich habe immer Anteil genommen am Unglück der einfachen Leute, der Unterdrückten, der Bedürftigen, der vom Leben Verletzten.

PAUL Und dazu suchen Sie mich in der Börse auf? Nächstenliebe ein Haus weiter bitte. In der Kirche. Ich besitze ein Bankhaus. Meine Anteile müssen rentieren. *Zu den Börsenhändlern* 10000 Union 9, von mir an Sie.

DUNANT Hier ist ein Empfehlungsschreiben. Was würden Sie mir raten?

PAUL *überfliegt das Schreiben flüchtig* Also zwei Minuten. Hören Sie zu. Für einen jungen Mann wie Sie, intelligent?

DUNANT Ich denke.

PAUL Aus bürgerlichem Haus?

DUNANT Ja.

PAUL Etwas Geld?

DUNANT Ja, auch.

PAUL Da gibt es fünf Möglichkeiten in Ihr Leben zu investieren. Erstens Sie werden Künstler. Darüber verlier ich kein Wort. Ein reines Verlustgeschäft. Zweitens Sie werfen sich in die Arme der Kirche. Eine seriöse Anlage, aber bescheidene Rendite. Drittens Sie marschieren in die Armee. Aber wozu wollen Sie General werden, wenn Sie intelligent sind. Viertens das Studium. Aber wozu Bildung, wenn Sie Geld haben. Fünftens das Geschäftsleben. Sie kommen aus einem bürgerlichen Haus. Sie sind intelligent. Sie haben Geld. Machen Sie Geschäfte.

DUNANT Das machen alle.

PAUL Eben. Das ist die Voraussetzung. Mit sich allein können Sie kein Geschäft machen. Sie brauchen einen anderen dazu, und so weiter und so weiter. Schauen Sie sich um. Wo Sie hinsehen Geschäfte. Auf der ganzen Welt, Tag und Nacht, nur Geschäfte Geschäfte Geschäfte. Wer da nicht mitmacht, ist entweder dumm oder faul oder unmoralisch oder alles zusammen.

Eine Uhr schlägt zwölf. Der Börsenlärm verstummt mit dem ersten Schlag. Die Börsenhändler gehen langsam ab.

PAUL *zieht seine Taschenuhr und vergleicht die Zeit* Die bürgerliche Zeit! Das ist die Zukunft, junger Mann. Der bürgerliche Tag. 24 gleichlange Stunden zu 60 gleichlangen Minuten und 60 gleichlangen Sekunden. Ein sauberes Limit. Ordnung und Fortschritt. Die Sonnenzeit ist vorbei. Zeit muß exakt sein und überall gleich. Die Fahrpläne müssen stimmen. Und wo wurde die bürgerliche Zeit eingeführt?

DUNANT Bei uns in Genf.

PAUL In unserem schönen Genf mit seinen schönen Uhren, nomen est omen. Wie war noch Ihr Name?

DUNANT Jean Henry Dunant.

PAUL Sie können gleich dableiben, Monsieur Dunant. Nehmen Sie Ihr Notizbuch und notieren Sie: 10000 Union zu 207 gekauft, dito zu 209 verkauft, Gewinn 20000. Während ich mich mit Ihnen unterhalten habe, mein Lieber. Was wollen Sie da mit Ihrer Almosengesellschaft. Bei so einem Geschäft bleibt auch noch etwas für die Armen übrig.

DUNANT Jeder Mensch sollte Anteil nehmen –

PAUL – an der Société anonyme. Ein sehr schöner Name für eine sehr schöne Sache. Eine Aktiengesellschaft gehört niemand, sie gehört dem Kapital. Aber, das ist das Grandiose daran, Sie dürfen Anteil nehmen. Und ein Aktionär ist ein Mensch, der Anteil nimmt. Und das Herz all dieser Wesen schlägt hier. In der Börse. Tag und Nacht ohne Pause rund um die Erde. Hier ist der Tempel der neuen Zeit. Hier ist jeder gleich. Jeder der Aktionär des anderen. Verstanden?

DUNANT Ja.

PAUL Hoffentlich.

Alle ab.

2 Fabrikeinweihung

Mornai, Schnyder, General und Bischof auf der Empore, dazu festlich gekleidete Gäste. Ein Kind trägt ein Gedicht vor. Währenddessen versammelt sich eine Gruppe Arbeiter unterhalb der Treppe.

KIND

Abwerfen will der Mensch das Joch,
Zu langsam reifen ihm die Saaten,
Zu fern ist jede Nähe noch,
Damit die Bahn geebnet werde,
Rief man das Eisen aus der Erde.
Auch fangt die Luft und sperrt sie ein,
Muß ihre Schwungkraft uns verleih'n.
Gleich Donnerwolken rauscht es hin,
Es scheint ein schnaubend Ungeheuer.
Das freie, edle Pferd erschrickt,
Das einst der Reisende erblickt.
So geht's zu Land und durch das Meer,
Die Rud'rer können ruhig bleiben,
Dampf muß wie Rad so Ruder treiben.
Und nun wohin? Kein Hindernis,

Zum Glücke tragen diese Schwingen,
Und nur wer schnell ist, kann's erringen.

Beifall der Gäste.

MORNAI Hochwürdigste Exzellenz, Herr Vorsitzender, sehr verehrte Gäste, liebe Arbeiter. Fortschritt, ruft der Menschengeist. Fortschritt ist sein Posaunenschall, dessen Echo widerhallt von Ost nach West, von Nord nach Süd. Nicht das Wohl einzelner, nicht der Aufschwung dieser oder jener Klasse, nein, die Wohlfahrt der gesamten Menschheit ist die Aufgabe, die sich der Menschengeist gestellt hat. Und wahrlich, wie ein zweiter Prometheus hat er das Feuer der Quelle entwandt durch die Erfindung der Dampfeisenbahn und der Dampfschiffahrt. Ein Herkules in der Wiege, der die Völker erlösen wird von Krieg, Teuerung und Hunger, Nationalhaß und Arbeitslosigkeit, Unwissenheit und Schlendrian. Als Vertreter der Pariser Regierung eröffne ich die neue Gußstahlfabrik und gebe das Wort weiter an den Gründer des Werkes.

SCHNYDER Hochwürdigste Exzellenz, Herr Präsident, meine Damen und Herrn. Paris verwandelt sich in die modernste Hauptstadt der Welt. Prachtstraßen beseitigen die alten Elendsquartiere, Kanalisation, Wasserleitungen, öffentliche Bauten, Parkanlagen, Eisenbahnlinien, Bankinstitute, Warenhäuser befriedigen den Bedarf. Die neue Industriekultur schwelgt in Üppigkeit, wo man hinsieht, Elegance und Luxus. Die Menschheit ist bei ihrer letzten Etappe angelangt, eine bessere Gesellschaft unvorstellbar, der Siegeszug der Zivilisation unaufhaltbar. In diesem Sinne: An die Arbeit!

Beifall. Die Gesellschaft nimmt an einer festlich gedeckten Tafel auf der Empore Platz. Die Arbeiter gehen schweigend an die Maschinen, die jetzt in Betrieb genommen werden.

3 Armenasyl

Zerlumpte Gestalten hocken unter der rechten Seitentreppe, einige schlafen sitzend an ein Seil gelehnt. Dunant trägt eifrig Suppenteller herbei.
Der erste Arbeiter, beinamputiert, steht an einer Säule und hat den Beinstumpf auf seine Krücke gelegt.

1. ARBEITER *in einem monotonen Singsang*
Mein Bein, das hat die Maschin gefressen
Und hat sich nicht dran verschluckt.
Soviel Fleisch hab ich mein Lebtag nicht gessen,
Wie die Maschin da hat geschluckt.

ARBEITERIN Wie bist reinkommen?

1. ARBEITER
Weil ich die Maschin hab putzen müssen,
Und weil der Chef es mir vom Lohn hat abziehn wolln,
Wenn die Maschin nicht weiterläuft.
Da hab ichs nicht abstellen könn,
Und die Maschin, die läuft noch heut.
Ein Bein wär nix, hat er gesagt,
Zwanzig Francs Abfindung wär reichlich, hat er gesagt,
Da wär ich ein freier Mann, hat er gesagt.

3. ARBEITER
A Maschin ist entschieden vorteilhafter als a Mensch.
A Mensch ist gegen a Maschin direkt a Mißgeburt.

2. ARBEITER
Ich hab immer gearbeit,
Mein Leben lang gearbeit,
Aber früher, das war anders.
Man hat es sich eingeteilt,
Man hatte ein Gespräch
Und Pausen,
Und der Meister, der war gut oder schlecht,
Je nachdem,
Aber ließ mit sich reden,
Und es war Sommer und Herbst
Und Winter und Frühjahr
Und Sonntage und Feiertage

Und auf Nacht hat man geschlafen
Und in der Früh ist man auf
Und Lohn zum Leben
Und die Frau war zuhaus und die Kinder
Und gessen habn wir
Brot und Kartoffeln und mal ein Fleisch
Und gefeiert die Tag der Heiligen.
Aber heut,
Da mußt arbeiten, wann die Maschin arbeit,
Und die Maschin arbeit immer,
Also mußt auch immer arbeiten.
Sechzehn Stunden am Tag wie nix,
Ob Mann, ob Weib, ob Kind,
Und bei Wechselschicht nochmal soviel.
Nur wenn die Maschin aufhört,
Darfst auch aufhören,
Aber die Maschin hört nie auf,
Die läuft immer,
Ob Sommer oder Winter,
Oder hell oder dunkel,
Mittag oder Nacht.
A Maschin wird nicht müd wie a Mensch,
A Maschin hat kein Sonntag und keine Feiertag,
A Maschin ist a Maschin.
Und die Frau ist an der Maschin,
Und die Kinder sind an der Maschin,
Und der Lohn langt für nix
Und Hunger hast
Und feucht is und heiß is
Und Lärm und Staub und Gestank
Und Tag und Nacht in dunkle Räum
Und immer die gleichen Handgriff
Und immer schnell
Und immer genau
Und immer nur stehn
Und keine Paus is
Und essen an der Maschin
Und scheißen an der Maschin

Und schlafen an der Maschin.
Und wennst krank bist arbeitslos
Und wennst Maul aufmachst arbeitslos
Und is a Krise arbeitslos.

3. ARBEITER

In der Fabrik, wo ich war,
Habens uns mit einem Strick am Webstuhl aufgehängt,
Daß wir mit Händen und Füßen gleichzeitig arbeiten konnten.
Da hingen wir all auf einer Reih am Strick,
Und die Aufseher habn uns schön prügeln können
Und die Weiber untern Rock fassen.

ARBEITERIN

Solang er ein noch untern Rock faßt,
Solang entläßt er ein nicht.

3. ARBEITER

Und dann habns uns einfach hängenlassen,
Nur weil der Chef sagt,
Die Zeit is nich danach.
Wenn mir doch amal einer sagen wollt,
Warum die Herrschaftn, die nix tun, so herrlich daherleben,
Und unsereins für seine täglichen mühsamen 16 Stunden nicht soviel hat,
Daß er sich amal am Tag den Bauch füllen kann, wie jedes Tier
Und a Bett hat, zum Hineinlegen.

1. ARBEITER

Du kannst ja Gras fressen,
Das is heuer reichlich gewachsen,
Und die Herren habns dir stehenlassn,
Und die Gosse habn sie dir auch sauber gepflastert,
Direkt zum Hineinlegen.
Ich schlaf allein für mich in der Gosse,
Und ich bin stolz drauf,
Und im Essen bin ich wählerisch.
Da geh ich auf den Hundefriedhof von die besseren Leut,
Die Kadaver ausgraben.
Wenn man Pech hat, erwischt man einen Windhund,
Aber so ein fetter Boxer oder Mops,
Das ist schon a Schleckerei,
Wenn er nicht zu alt war.

ARBEITERIN
A Wohnung habn wir schon gehabt,
Ein Zimmer,
Fünf Kinder, Großeltern, der Mann und ich,
Das warn neun,
Ein Kostgänger, ein Schlafgänger, elf.
Es ging, weil die meisten warn immer in der Fabrik
Und Möbel warn auch keine.
Nur a paar Lumpen in der Ecke zum schlafen
Und das Zeug, was wir aufm Leib hatten.
Ein Stuhl ohne Boden fürn Großvater,
A bisserl Geschirr,
Tisch hatten wir keinen
Und Feuer konnte man auch keins machen.
Im Fußboden war n Loch,
Das war der Abtritt.
Zwei Kinder sind mir da gestorben,
Ganz zerfressen von den Ratten und vom Ungeziefer.
Der Großvater auch, verhungert.
Abwaschen habns ihn müssen,
So habn die Lumpen an ihm festgeklebt.
Wasser war auch keins im Haus.
War aber a schöne Zeit.
Wir habns nachher nur nicht mehr zahln könn,
Sie habn die Miete erhöht
Und in der Fabrik gleich vom Lohn abgehaltn,
Weil die Wohnung war auch von der Fabrik.
Und einkaufen hat man müssen in einem Laden,
Der hat auch zur Fabrik gehört,
Und es war dort alles teurer,
Das war nicht reell.
Und immer gearbeit.
Auch wenn ich schwanger war.
Wenn die Wehen kamen,
Hat mir keiner was angemerkt.
Neben die Maschin hab ich entbunden,
Und die Maschin is weitergelaufn.
Ich hab alle fünf in der Fabrik gekriegt.

Wenn man sich hätt was merken lassen,
Wär man gleich entlassen
Und eine andere wär an die Maschin gekommn,
Den Tag über is mir die Milch aus der Brust gelaufen,
Daß die Kleider trieften und alles war naß,
Und der Aufseher is danebengestanden und hat sichs angeschaut.
Meine sind alle zwischen die Maschin aufgewachsen.
Der auch.

Ein Krüppel, gekrümmter Rücken, krumme Beine, mißgestaltet, so daß er nur mit Mühe laufen kann, geht auf allen vieren die Treppe hoch.

Wie er vier war, hat er schon die Maschin geölt,
Mit sechs hat er schon vierzehn Stunden gemacht.
Wenn die Schicht um war,
Hat er sich gleich vor dem Fabriktor auf die Erd geschmissen
Und is eingeschlafen,
Essen hat er keins mehr gbraucht
Gebetet hat er aber noch.
Nur an bessren Lohn dürft er kriegen,
Aber wo die Armenhäuser die Waisen um jeden Preis hergeben
Muß man froh sein.
Gell dir gehts gut, in der Fabrik ists schön?

KRÜPPEL Ja.

ARBEITERIN Besser als spielen, was?

KRÜPPEL Ja.

ARBEITERIN Immer warm, immer zu tun.

KRÜPPEL Mir gehts gut.

ARBEITERIN

Das freut mi, dem Bub gehts gut.
Das ist mein Recht als Mutter,
Daß der Bub arbeiten darf.

2. ARBEITER Wie alt?

ARBEITERIN Fünfzehn glaub ich.

2. ARBEITER Schaut aus wie sieben.

ARBEITERIN

Von der Fabrik.
Verkrüppelt is er, freilich,
Ja beides geht nich,
Beides kann man nich habn,
Fabrik und schöne Menschen.

3. ARBEITER

Das is jetzt allgemein so.
Vom Militär hört man,
Daß das Volk keine rechten Soldaten mehr hergibt,
Daß ihnen die Rekruten nicht mehr gradestehn
Und keine richtigen Eilmärsch mehr auf rachitischen Beinen
Und das Vaterland nur noch mit krummen Rücken verteidigen.

2. ARBEITER

Vielleicht ändert sichs,
Das Militär is schon ein Grund,
Anständige Soldaten müssens haben,
Wer will son Krüppel erschießen.

ARBEITERIN

Leben, das is halt so, grade nich sterben.
Alle langsam ab. Dunant ist schon vorher abgegangen.

4 Öffentlichkeit

David, Blanche und ein Fotograf treten auf. David geht auf die Empore. Der Fotograf baut auf der Bühne seinen Fotoapparat auf. Blanche bleibt neben ihm stehen.

DAVID Monsieur Schnyder, ein paar Worte für unsere Leser zur Eröffnung Ihrer neuen Fabrik.

SCHNYDER Schreiben Sie, wir dienen dem Fortschritt.

DAVID Das ist die allgemein übliche Formulierung.

SCHNYDER Wir bauen Eisenbahnen, um die Völker einander näherzubringen.

DAVID Daß Sie dabei Geld verdienen, ist ein unbeabsichtigter Nebeneffekt –

SCHNYDER – der uns in die glückliche Lage versetzt, neue Eisenbahnen zu bauen, neue Fabriken, um Arbeitsplätze zu schaffen, damit sich die Menschen ihr tägliches Brot verdienen können.

DAVID Was wiederum dem Fortschritt dient und Sie in die glückliche Lage versetzt, wiederum dem Fortschritt zu dienen.

SCHNYDER Wissen Sie etwas Besseres? Für den Fortschritt ist schließlich jeder.

DAVID Es hat sich so eingebürgert. Im Frieden der Völkerverständigung, im Krieg dem Generalstab, nach dem Krieg dem Wiederaufbau.

MORNAI Und allezeit dem Wohl der Menschheit.

DAVID Darf ich das so schreiben?

MORNAI Sie wissen ja, wie man so was schreibt.

DAVID Herr von Mornai, was halten Sie als Parlamentspräsident von den Forderungen der Arbeitervereine?

MORNAI Der verbotenen Arbeitervereine, wollen Sie wohl sagen.

DAVID Sagen wir, die Wünsche der Arbeitenden nach einer Begrenzung der Arbeitszeit.

MORNAI Da das Volk jeden Tag ißt, muß ihm auch erlaubt werden, jeden Tag zu arbeiten. Napoleon I.

SCHNYDER Die Arbeiter werden sich nicht von der Regierung vorschreiben lassen, wieviel Stunden sie arbeiten dürfen. Das wäre Freiheitsberaubung. Kein Tag ist länger als vierundzwanzig Stunden. Wer arbeiten will, soll arbeiten. Der Mensch ist frei.

DAVID Und was gedenken Sie gegen die herrschende Armut zu tun?

SCHNYDER Sicher ist das Elend in weiten Kreisen der Bevölkerung ein entsetzliches Unglück, es ist der Preis für die neue, von sozialen oder moralischen Erwägungen unberührte Rationalität.

MORNAI Nicht für alle ist auf der Tafel der Natur ein Gedeck bereitet, wie Malthus sagt.

DAVID Wenn ich also zusammenfassen darf. Die Begrenzung der Arbeitszeit, das Verbot der Kinderarbeit, die Erlaubnis von Gewerkschaften, ein Gesetz über Mindestlöhne oder Lehrlingsausbildung, eine staatliche Armenfürsorge oder eine allgemeine Schulpflicht wären Verletzungen der bürgerlichen Freiheiten, der wirtschaftliche Ruin und der Zusammenbruch der gesellschaftlichen und moralischen Ordnung.

MORNAI Ich könnte es im Parlament nicht besser sagen.

DAVID Keine unnötigen Komplimente, wir sind bestechlich. Wenn ich bitten darf, der Fotograf.

Mornai und Schnyder treten an die Brüstung. Der Fotograf macht sein Bild.

SCHNYDER Armut und Reichtum sind unvermeidlich und widersprechen weder der Gleichheit der Menschen noch der Gerechtigkeit. Sie sind die Voraussetzung einer menschlichen Gesellschaft.

MORNAI Freiheit und Gleichheit sind unüberbrückbare Gegensätze. Staat und Recht haben nur das Privateigentum zu garantieren. Die Grundlage der Gesellschaft.

FOTOGRAF Danke.

SCHNYDER Was haben Sie denn da Hübsches mitgebracht?

MORNAI Es scheint, die Presse entwickelt langsam Geschmack.

DAVID Das ist Blanche. Ich glaube, Sie wäre nicht abgeneigt, Ihre Bekanntschaft zu machen.

Mornai und Schnyder verbeugen sich.

BLANCHE Messieurs.

SCHNYDER Gesellen Sie sich doch zu uns.

DAVID Mit Vergnügen.

MORNAI *zu Blanche* Darf ich bitten.

David und Blanche nehmen mit Mornai und Schnyder an der Tafel Platz. Der Fotograf geht ab.

5 Lehrzeit

Paul kommt hinter dem Vorbau der Haupttreppe hervor, geht an ein zweiseitiges Stehpult und arbeitet. Dunant stürzt herein und stellt sich an die andere Seite des Stehpultes.

DUNANT Entschuldigung.

PAUL Pünktlichkeit, junger Mann. Pünktlichkeit und Ehrlichkeit, Fleiß und Ordnung, Mäßigkeit, Sparsamkeit, Sauberkeit. Tragen Sie das ein. *Er wirft ihm einige Rechnungen hin. Dunant arbeitet. Paul schaut ihm über die Schulter.* Kapital rechts. Passiva. Passiva. Passiva. Wie oft soll ich Ihnen das noch sagen. Herrgott im Himmel, das kann doch nicht so schwer sein.

DUNANT Ich denke –

PAUL Sie brauchen nicht zu denken. Das macht die Buchhaltung. Dafür hat man sie.

DUNANT Aber das Geld in der Kasse wird doch unter Aktiva –

PAUL Geld ist kein Kapital.

DUNANT Also gut, dann verbuche ich eben das Kapital aus der Kasse –

PAUL Was Sie nicht alles können. Erstaunlich. Kapital aus der Kasse. Wie schaut denn das aus, das Kapital?

DUNANT Na, das Geld.

PAUL Kapital ist kein Geld. Kein Mensch auf der Welt hat jemals Kapital gesehen. Da wären Sie der erste. Kapital ist nur eine Zahl. Eine Zahl, Dunant. Hier in diesem Buch. Das, was Sie in ihrer Hosentasche herumtragen ist Geld. Das hat mit Kapital soviel zu tun wie eine Jungfrau mit einer –

DUNANT Aber ich besitze doch das Kapital. Also Aktiva.

PAUL Falsch. Das Kapital besitzt Sie. Also Passiva. Erste Grundregel: »Wer erhält, der schuldet.« Sie sind der Schuldner des Kapitals. Das ist seit vierhundert Jahren so. Das wird man für Sie nicht ändern. Wenigstens nicht, solange es eine doppelte Buchführung gibt. *Pause* Übrigens sah ich Sie gestern aus dem Gefängnis kommen.

DUNANT Ja.

PAUL Was haben Sie da getan?

DUNANT Was ich dort immer tue. Mit den Gefangenen sprechen, ihnen etwas vorlesen.

PAUL Und was lesen sie denen vor?

DUNANT Reiseberichte, Berichte über Ausgrabungen.

PAUL Sehr passend. Und worüber reden Sie?

DUNANT Möglichst nicht über die Gesetze.

PAUL Sie sind öfter im Gefängnis anzutreffen als in der Bank. Gefällt es Ihnen dort besser?

DUNANT Man hat mich dort vielleicht nötiger.

PAUL Ich gebe ja zu, als Bankier sollte man sich beizeiten einmal ein Gefängnis anschauen, aber wenn Sie abwechselnd aus dem Gefängnis und aus der Bank kommen –

DUNANT Wieso?

PAUL Monsieur Dunant, man hat es mit Ihnen nicht leicht. Sie zeigen Eifer und Aktivität. Sie wären ein Juwel. Wenn Sie nicht diesen Tick mit den Menschen hätten. Es ist ein Jammer. Hat man Sie nicht aufgeklärt?

DUNANT Doch. Geldverdienen ist eine große Tugend.

PAUL Schreiben Sie eine Eins, und eine Null, und noch eine Null, und noch eine Null, und noch eine Null, und noch eine Null, und noch eine Null. Was haben Sie jetzt?

DUNANT Eine Million.

PAUL Damit Sie einmal sehen, wieviel Nullen man braucht, um eine Million zu machen.

DUNANT Sie haben Ansichten, die nicht unbedingt von Christus stammen. Jeder für sich und den Letzten holt der Teufel.

PAUL Die Firma Christus und Teufel hat bei mir kein Konto, und wer kein

Konto hat, der existiert für mich nicht. Von mir aus sind Sie barmherzig, aber die Kunst besteht darin, durch Wohltätigkeit die besseren Geschäfte zu machen. Wohltaten sind Spesen, die eine geordnete Bilanz nicht stören dürfen. Wenn Sie täglich zwei Centimes nutzlos ausgeben, geben Sie im Jahr sieben Francs nutzlos aus. Sieben Francs sind der Zins für ein Kapital von hundert Francs. Sie verlieren also hundert Francs jährlich, und Sie verlieren nicht nur diese Summe, sondern alles, was Sie damit hätten verdienen können. Was auf die Dauer ein Vermögen ausmacht.

DUNANT Die Menschheit sollte –

PAUL Hören Sie auf mit Ihren Menschheitssätzen. Das ist ja nicht zum Hinhören. Sie sind Bankier und kein Almosier. Passen Sie nur auf, mein Lieber, Bankrott ist eine heilsame Strafe für bürgerliche Unfähigkeit. Wenn Sie Ihren Lebenswandel nicht schleunigst ändern, werden Sie noch einmal ein schlimmes Ende nehmen. Halten Sie sich an die Nützlichkeit. Nur was nützlich ist, ist auch vernünftig. Machen Sie sich einen Zeitplan. Zeit ist Geld. Und Sie verschwenden Ihre Zeit und damit Ihr Geld. Führen Sie Buch über Ihr Leben. Notieren Sie Ihre Fortschritte auf der einen Seite, und Ihre Fehler auf der anderen Seite, so haben Sie ein sauberes Kontokorrent, was Ihren Charakter betrifft, und am Ende Ihres Lebens eine ordentliche Bilanz. Haben Sie nicht Ihren Smith gelesen?

DUNANT *sagt auf* »Nicht vom Wohlwollen des Fleischers, Brauers oder Bäckers erwarten wir unsere Mahlzeit, sondern von ihrer Bedachtnahme auf ihr eigenes Interesse. Wir wenden uns nicht an ihre Humanität und sprechen ihnen nie von unseren Bedürfnissen, sondern stets von ihren Vorteilen.«

PAUL Das wichtigste Buch nach der Bibel! Vielleicht denken Sie jetzt, ich bin ein Unmensch. Aber ich hab auch ein Herz. Ich hab auch eine Familie. Ich zweifle auch an Gott. Ich bin ein Mensch, und ich meine es gut mit Ihnen. Vielleicht ist das ja alles nicht richtig. Vielleicht ist das alles sogar falsch, aber so ist es nun mal, und es mußte Ihnen einmal gesagt werden. *Er zieht seine Geldbörse.* Hier. Für Ihre Armen. *Dunant läßt seine Hand ausgestreckt, Paul legt noch eine Münze dazu.* Aber sagen Sie nicht, daß es von mir kommt. Wir sind ein renommiertes Haus.

DUNANT Wir müssen zur Börse.

PAUL *schaut auf seine Uhr* Verdammt, das hat man davon.

Beide ab.

6 Unterricht

Ein Aufseher geht an den Maschinen vorbei.

AUFSEHER *schlägt mit einem Stock den Takt* Sind Arbeiter ehrlich, die Material verschwenden?

ARBEITER Antwort: nein.

AUFSEHER Sind Arbeiter ehrlich, die nicht auf ihre Maschinen achtgeben?

ARBEITER Antwort: nein.

AUFSEHER Wem gehören diese Dinge nämlich?

ARBEITER Antwort: unserem Fabrikherrn.

AUFSEHER Wessen Auge sieht euch, wenn der Fabrikherr nicht in der Nähe ist?

ARBEITER Antwort: Gottes Auge.

AUFSEHER Heißt Gott solche Taten gut?

ARBEITER Antwort: nein.

AUFSEHER Was wird Gott mit diesen Dieben tun?

ARBEITER Antwort: er wird sie bestrafen.

AUFSEHER Wofür bezahlen die Fabrikherren ihre Arbeiter?

ARBEITER Antwort: für ihre Arbeitszeit.

AUFSEHER Angenommen, die Arbeiter vertrödeln die Zeit, während der sie arbeiten müssen, was tun sie damit?

ARBEITER Antwort: sie rauben ihren Fabrikherrn aus.

AUFSEHER Ist das nicht genauso, als ob sie Geld aus seiner Tasche stehlen würden?

ARBEITER Antwort: ja.

AUFSEHER Angenommen, Arbeiter führen aufsässige Reden, was beweist das?

ARBEITER Antwort: daß sie Unrecht tun und lügen.

AUFSEHER Angenommen, die Arbeiter streiken, was beweist das?

ARBEITER Antwort: daß sie faul sind und ungehorsam.

AUFSEHER Wie nennt man solche Leute?

ARBEITER Antwort: Verbrecher.

AUFSEHER Warum sind sie Verbrecher?

ARBEITER Antwort: weil sie Gottes Ordnung stören.

AUFSEHER Warum stören sie Gottes Ordnung?

ARBEITER Antwort: weil sie dem Fabrikherrn nicht gehorchen.

AUFSEHER Und was ist da, wo man nicht gehorcht?

ARBEITER Antwort: alle Sünden und Laster dieser Welt.

AUFSEHER Will Gott das?

ARBEITER Antwort: nein.

AUFSEHER Was beweist das also?

ARBEITER Antwort: wir müssen fleißig, ehrlich und pünktlich unsere Arbeit tun.

AUFSEHER Warum?

ARBEITER Antwort: weil wir Gottes Kinder sind.

Aufseher ab.

7 Bankett

Mornai, Schnyder, Bischof, General, David, Blanche sitzen auf der Empore an einer langen Tafel und essen.

BISCHOF Die Arbeiter sind an ihrem traurigen Los selber schuld. Sie vermehren sich wie Ungeziefer. Wenn die Armen das nicht endlich einsehen, muß man mit Gewalt dagegen vorgehen. Ich verlange nicht, daß man die Männer kastriert, es genügt, wenn man sie derart verlötet, daß sie keinen Geschlechtsverkehr mehr ausüben können. Die Operation selbst ist leicht. Die Vorhaut wird vorgezogen und zwischen ein paar durchlöcherten Metallplatten sanft eingeklemmt, dann erfolgt der Durchstich einer hohlen Nadel, in der sich ein Draht befindet. Ist der Draht durchgezogen, werden beide Enden mit einem Lötkolben zusammengeschmolzen.

GENERAL Man sollte jede Form der Wohltätigkeit und sozialen Fürsorge abschaffen. Das veranlaßt die Armen nur, sich wieder zu vermehren, was nur neues Elend hervorruft. Und wer in menschlicher Schwäche auf die große Zahl der Armen verweist, dem kann man mit der Wissenschaft nur antworten, daß dann eben die letzte Hungersnot ihre Sache nicht gut genug gemacht hat.

DAVID Es ist wohl geradezu die moralische Pflicht der höheren Klassen, die Armen in ihrem Elend zu belassen und sie im übrigen zu sexueller Zurückhaltung anzuhalten.

MORNAI Die besitzlosen Klassen erhöhen ständig ihren Anspruch auf Lebensgenuß und wollen ihn auf Kosten der Besitzenden befriedigen.

Es handelt sich hier um einen krassen Materialismus, gegen den sich die Gesellschaft zur Wehr setzen muß.

SCHNYDER Zwölfstundentag, Verbot der Kinderarbeit und Schulzwang. Das wäre das Ende der Industrie. Kinderarbeit liegt mir sehr am Herzen. Es ist ein Vergnügen, den Eifer dieser Kleinen zu beobachten, der noch angetrieben wird durch die Freude, eine Belohnung zu erhalten. Die Arbeit dieser flüchtigen Elfen gleicht einem Spiel.

DAVID Und das 16 Stunden am Tag.

SCHNYDER Wovon sollen die Würmchen denn leben? Von ihrer leichten und nützlichen Arbeit entlassen, bekämen sie überhaupt keine Erziehung, aus der warmen Fabrik in die kalte Welt hinausgestoßen, würden sie doch nur betteln und stehlen.

GENERAL Kinder müssen vom frühesten Alter an zur Arbeit angehalten werden, nur so wird ihnen die Arbeit zur zweiten Natur, statt daß sie ihre Zeit mit Spiel und Nichtstun vergeuden. Dann werden wir auch nicht mehr sehen, daß in unseren Städten Tausende von Kindern zugrunde gehen und Werkzeuge des Aufruhrs werden. Die heutige verdorbene Jugend wird in die Reihen der Zivilisation, die jetzt noch von dieser Jugend angegriffen und bekämpft wird, aufgenommen werden. Brauchbar, gesittet und ordentlich.

MORNAI Die wirtschaftliche Harmonie ist weder durch Hungersnöte noch durch Mißstände im Fabrikwesen zu stören, wie die Wissenschaft beweist, denn in dieser Harmonie ist unmittelbar der Finger Gottes.

BISCHOF Die Ungleichheit der Lebensbedingungen, Gegenstand so vieler Lästerungen, ist das Grundgesetz der Gesellschaft. Ohne sie gingen die Künste und Wissenschaften sowie die Wirtschaft unfehlbar zugrunde und würden wir alle der zum Leben nötigsten Dinge beraubt sein.

Sie essen weiter.

8 Boulevard-Café

An der linken Seitentreppe einige Tische und Stühle. Einige junge Männer lesen Zeitung, trinken Café. Dunant, etwas abseits sitzend, liest in einem Buch.

1. MANN Café creme.
Ein Kellner bringt den Café
Habt ihr gelesen?
liest vor
Der Millionenschwindler Rochette, 30 Jahre alt, war zuerst Pikkolo in einem Bahnhofsrestaurant, dann Kellner in einem Café. Er kam dann nach Paris und lernte Buchhaltung. Hierauf gründete er in 4 Jahren 13 Aktiengesellschaften. Im ganzen gab er 60 Millionen Anteilscheine aus, die er auf 200 Millionen Kurswert trieb. Um die Aktien seiner jüngsten Gründung riß man sich förmlich, und man bewunderte die große Fabrik, deren Schornstein Tag und Nacht dichte Rauchwolken ausstieß. In Wirklichkeit aber wurde in der Fabrik keine Hand gerührt, mit Ausnahme der Heizer, welche Dampf machten. *Er lacht.*

2. MANN Was liest du da?

DUNANT Onkel Toms Hütte.

3. MANN Das Skandalbuch?

DUNANT *liest vor* »Der Herr hat uns unsere irdischen Güter gegeben, damit wir Gerechtigkeit und Barmherzigkeit üben.« Ein Skandal!

3. MANN Naja.

DUNANT Man muß an das Herz der Menschen appellieren. Der Herr wird immer grausamer, der Sklave immer gefühlloser. Damit sollte endlich Schluß sein.

2. MANN Was machen wir am Sonntag?

DUNANT Gehen wir in die Vorstadt.

1. MANN Das ist auch nicht lustig.

DUNANT Dort lernt man das Elend kennen, das in den dunklen Gassen und in den Wohnungen herrscht, die eher wie Ställe anmuten. Und in denen Menschen leben, die nichts ihr eigen nennen, als ihre täglichen Leiden, die die Liebe nicht kennen und nicht die Güte und das Herz im Menschen erst spüren, wenn sie aufschreien.

2. MANN Das steht jeden Tag in der Zeitung.

DUNANT Man muß etwas tun. Ich habe eine neue Organisation ins Leben gerufen.

I. MANN In Genf?

DUNANT In der ganzen Welt. International und interkonfessionell. In vielen Ländern haben sich schon Sektionen gebildet. Täglich werden es mehr. Es wird eine große Bewegung werden. Ich habe Rundschreiben durch ganz Europa geschickt. Viele machen schon mit, junge Leute aus den Banken, dem Handel, dem Handwerk, Studenten, Theologen, Rechtsanwälte, Mitglieder vieler Kirchen.

3. MANN Christlicher Verein junger Männer.

DUNANT Ich habe begriffen, daß ein einzelner bei soviel Elend machtlos ist und daß, wenn man auch nur ein wenig helfen will, die gesamte Menschheit in die Schranken treten muß, um diese furchtbare Not zu beseitigen.

I. MANN Ober, zahlen. *Er legt Geld auf den Tisch.*

Die jungen Männer gehen ab. Der Kellner sammelt das Geld ein. Dunant bleibt noch eine Weile nachdenklich sitzen. Dann geht er zum Vorbau.

9 Buchhaltung

Paul in einem großen Fauteuil unter dem Vorbau, eine Zigarre rauchend, Wein trinkend, zeigt Dunant liebevoll einige alte Folianten.

PAUL Setzen Sie sich, Dunant, und hören Sie zu, damit Sie es begreifen. Ratio heißt das Zauberwort. Ratio die Vernunft, Ratio das Konto. Schon für die Lateiner war Vernunft und Abrechnung das gleiche: Ratio. Im Italienischen bedeutet ragioneria Anwendung der Vernunft und Kontenführung. Und auch im Französischen gibt es für Vernunft und Firma nur ein Wort: Raison. Und wer dagegen raisoniert, den hat man noch immer zur Raison gebracht.

In das Chaos der Welt wurde ein festes Gedankengefüge eingebaut, ein zwangsläufiges System, das sich nach seinen eigenen Gesetzen bewegt und das für die Entfaltung der Welt sorgte. Diese ganz eigenartige Ordnung ist das wissenschaftliche System der doppelten Buchführung. Wie schreibt der große deutsche Dichter Goethe: »Sie ist eine der schönsten Erfindungen des menschlichen Geistes, und ein jeder gute Haushalter sollte sie in seiner Wirtschaft einführen.«

Die doppelte Buchführung ist das kunstvollste Gebilde des menschlichen Gestaltungsvermögens. Denn: sie löst die Welt in Zahlen auf. Quod non est in libris, non est in mundo, was nicht in den Büchern steht, ist nicht in der Welt. In die Bücher kommen kann aber nur etwas, das durch Geld ausgedrückt wird, Geld aber wird in Ziffern dargestellt, also muß jeder Vorgang einer Ziffer entsprechen, also heißt leben Buchführung.

Schauen Sie, Fra Luca Pacioli: »Arte della scrittura doppia«. Die erste Darstellung dieser neuen menschlichen Kunst. 1494! Leonardo da Vinci, ein Schüler Paciolis schreibt: »Unsere Sinne täuschen uns. Die geoffenbarte Religion erst recht. Erkenntnis und Gewißheit liegt nur in der Wissenschaft. Wissenschaft ist nur das, was durch die Mathematik bewiesen wurde.« Und die Buchhaltung ist die Mathematik der Wirtschaft und damit die Mathematik des Lebens und damit Gesetz und Gewißheit, Erkenntnis und Wahrheit. Die Geburt der modernen Vernunft fand in einem Handelskontor statt. 150 Jahre bevor Descartes die Ratio als Grundlage aller Erkenntnisse in die Philosophie einführte. 150 Jahre bevor Hobbes erklärte, alle rationale Erkenntnis sei Berechnung. Wie heißt es bei Descartes: »Ich mag wachen oder schlafen, so ist doch stets 2 und 3 gleich 5, und es scheint unmöglich, daß so augenscheinliche Wahrheiten in den Verdacht der Falschheit geraten können.« Und Hobbes erkennt: »Das Denken des Menschen ist Rechnen, und Rechnen ist das Denken überhaupt.«

Und die Systeme Galileis und Newtons: Mit denselben Mitteln wie die doppelte Buchführung ordnen sie das Durcheinander der Welt zu einem kunstvollen System. Philosophie und Wissenschaft hatten rechnen gelernt. Und sie machten dabei die erstaunliche Entdeckung, daß die Welt rational zu ordnen ist. Sie brauchten nur die bunte Vielgestaltigkeit der Erscheinungen in ein Beziehungssystem von Zahlen zu bringen und hatten die Erkenntnis der ewigen Ordnung. Licht, Wärme, Elektrizität, Magnetismus, Bewegung, Schall, Fallkraft sind nur verschiedene Formen der Energie. Die Natur ein großes Kontokorrent, worin abwechselnd belastet und erkannt wird. Das Universum, ein Kreditsystem mit Gewinn- und Verlustrechnung.

»Beglückte Kaufmannschaft, die bei der ganzen Welt,
Weil sie der Menschen Band so schön vereinigt hält,
Mit der Gelehrsamkeit in gleicher Ordnung gehet.«

Und so schließt sich der Kreislauf. Die Mechanik, aus der die Wissenschaft aufgebaut wurde, hat die Moral erobert. Die Arithmetik ver-

bindet die moralische Buchführung mit der kaufmännischen. Die Beziehungen der Menschen, ihre Schicksale, ihr Glück und Elend, ihr Triumph und Fall – Veränderungen von Zahlen. Alle Werte und Realitäten, Persönlichkeit, Wissen, Können, Erfahrung – Zahlen, die in Geld umgemünzt werden. Jede Fähigkeit und jede Macht wird in Geld ausgedrückt, damit sie überhaupt begreifbar wird. Alle Erwägungen und Bedenken haben Geld im Sinn, und alle Tätigkeit trägt uns von Konto zu Konto.
So entstand allmählich, aber unwiderruflich, aus jener bloßen gedachten Ordnung der Zahlen eine feste, gesicherte, sich durch sich selbst bewegende Gesellschaft, deren Allerhöchstes ein ungreifbares, unangreifbares, nur in Zahlen existierendes abstraktes Etwas ist: das Kapital. Dieses Produkt der menschlichen Vernunft, ausgestattet mit allen Attributen einer alten Gottheit. Und die Buchhaltung ist sein Grundgesetz. Die neue Bibel. Die Charta der Zivilisation.
Sehen Sie, was der Venetianer Jacopo Loredano in seinem Hauptbuch einträgt: »Der Doge Foscari, mein Schuldner für den Tod meines Vaters und meines Oheims« und dann, nachdem er ihn und seinen Sohn aus dem Weg geräumt hat, auf der Gegenseite einträgt: »Hat bezahlt.«
Er schlägt das Buch zu Der Mann hatte es begriffen.
Beide ab.

10 Staatsgeschäfte

Napoleon III. – die rechte Seitentreppe herabsteigend – und Bismarck – die linke Seitentreppe herabsteigend – gehen aufeinander zu und begrüßen sich herzlich.

BISMARCK Mein lieber Napoleon.
NAPOLEON Mein lieber Bismarck.
BISMARCK Wie geht es Frankreich?
NAPOLEON Es lebt. Wie geht es Deutschland?
BISMARCK Es lebt auf.
NAPOLEON Mein Bankier meint –
BISMARCK Meiner auch.
NAPOLEON Das deutsche Reich, ein bißchen groß, ein bißchen mächtig.
BISMARCK Zollfragen, Währungsfragen, Handelsverträge, Weltwirt-

schaftsordnung, Sieg des Talers über den Gulden, Staatsverschuldung, Kapitalverflechtung, Freihandel, Schutzzölle, Meistbegünstigung, Preußenkonsortium – Staatsgeschäfte!

NAPOLEON Staatsgeschäfte sind Geschäfte wie alle anderen. Nur etwas einträglicher. Ein Deutscher hat einmal gesagt: Krieg ist die Fortsetzung der Politik mit anderen Mitteln. Er unterschlug die erste Hälfte des Satzes: Politik ist die Fortsetzung der Geschäfte mit anderen Mitteln.

BISMARCK Und die Geschäfte?

NAPOLEON Die Geschäfte, das ist ganz einfach, das ist das Geld der anderen.

BISMARCK Heutzutage ist alles nur Wirtschaft, und davon verstehe ich nichts. Etwas anderes von Bedeutung gibt es nicht mehr zu tun. Man wäre besser Fabrikant geworden.

NAPOLEON Politik verdirbt nur den Charakter.

BISMARCK Ein Charakter verdirbt nur die Politik.

NAPOLEON Ich bin Sozialist. Lesen Sie Proudhon. Eigentum ist Diebstahl.

BISMARCK Ja schon. Aber was soll man machen als Eigentümer.

NAPOLEON Ja, das ist die Frage.

BISMARCK Mein Bankier meint –

NAPOLEON Meiner auch.

BISMARCK Ich hab da ebenfalls so einen Kerl am Hals: Lassalle. Der will mir immerzu Wahlen einreden. Sie haben doch da Erfahrung.

NAPOLEON Vollkommen risikolos. Sie sehen doch, wen haben die Leute gewählt, mich. Wenn man das ein bißchen arrangiert. Ob von Gottes Gnaden oder von Volkes Gnaden, das macht absolut keinen Unterschied. Man nennt sich Präsident, König oder Kaiser der Bauern, der Arbeiter, der Bürger, je nachdem. Man muß es nur zusammenzählen. Meine Freunde sitzen nicht in den Palästen, sondern in den Hütten. Kennen Sie mein Buch: »Ausrottung der Massenarmut«?

BISMARCK Schlagen Sie sich das aus dem Kopf. Das kriegen Sie niemals durch. Die Leute wollen Geschäfte machen. Sie sind ganz versessen darauf. Was kein Geschäft ist, das ist nichts wert. Wird es Krieg geben?

NAPOLEON Ich weiß nicht. Man hört es allgemein.

BISMARCK Bei uns redet auch jeder davon.

NAPOLEON Was meinen Sie?

BISMARCK Mein Bankier meint –

NAPOLEON Meiner auch.

BISMARCK Ich bin nicht sehr dafür. Aber was soll man sonst noch machen.

NAPOLEON Krieg muß gelegentlich sein. Sonst halten die Leute die Staatsführung am Ende noch für überflüssig.

BISMARCK Und den Staat wohl auch noch. Also Krieg?

NAPOLEON Wissen Sie etwas Besseres?

BISMARCK Hoflieferanten von Schlachten.

NAPOLEON Jeder liefert, was er hat. Liefern wir also die Schlachten, die die Nationen benötigen.

BISMARCK Es wird noch so weit kommen, daß wir den Hintereingang benutzen müssen.

NAPOLEON Trostlos.

BISMARCK Ja.

NAPOLEON Übrigens, ich sprach neulich mit meinem Bankier –

Sie gehen beide Arm in Arm ab.

11 Ausblick

Dunant und Paul auf einer Bergtour. Beide haben ihre Jacken über dem Arm, Dunant trägt einen Strohhut, Paul hat ein Taschentuch auf dem Kopf festgeknüpft.

PAUL Das soll mir mal ein Mensch erklären, wozu es gut ist, auf so einem Berg herumzukraxeln, wenn man da unten sein schönes Büro hat.

DUNANT Die Natur, Monsieur Paul, Gottes freie Natur.

PAUL Wenn ich das schon höre. Aber ein schöner Blick von hier oben. Das entschädigt einen wenigstens. Da hinten müßte Paris liegen. Na, Sie werden es ja bald sehen. *Er zieht seine Uhr.* Zwölf Uhr. *Er starrt nach oben.* Die Sonne tönt nach alter Weise. Ganz schön warm das Aas. Aber pünktlich.

DUNANT Die Erde dreht sich bekanntlich nicht um die Sonne, sie dreht sich um die Buchhaltung, Monsieur Paul.

PAUL Und Sie legen es sogar an einem Börsenfeiertag darauf an, mich zu ärgern, Monsieur Dunant. Was hätten Sie eigentlich gemacht, wenn Sie kein Bankier geworden wären?

DUNANT Ich wollte etwas tun, was für die Menschen von Wert ist. Ich wäre gerne Mitglied einer wissenschaftlichen Gesellschaft geworden.

PAUL Von welcher?

DUNANT Weiß nicht.

PAUL Dacht ich mir. An Ihnen ist auch Hopfen und Malz verloren. Möchte wissen, warum ich ausgerechnet Sie nach Algerien schicke. Sie werden doch nur ein Buch gegen die Sklaverei schreiben.

DUNANT Gute Idee.

PAUL Sie sind ein störrischer Esel.

DUNANT Kennen Sie die Fabel »Der Wolf und das Lamm«?

PAUL Nein.

DUNANT

Ein Lamm löschte an einem Bach seinen Durst.
Ein Wolf, der direkt an der Quelle trank,
Rief wütend und voller Gier,
Wer erlaubte dir, mein Wasser zu trüben,
Wer so frevelt, der muß es büßen.
Das Lamm sank ängstlich in die Knie und sprach,
Herr, ich trank weit unterhalb von Eurem Platz,
Und da das Wasser doch talwärts läuft,
Ist dort an Eurer Stelle
Das Wasser völlig ungetrübt.
Du trübst es trotzdem, rief der Wolf,
Auch weiß ich, daß du vor einem Jahr
Mir Übles nachgeredet hast.
Vor einem Jahr, antwortet das Lamm,
War ich noch nicht geboren.
Dann war es dein Bruder.
Ich habe keinen.
Dann war es ein anderer aus deiner Sippschaft.
Ihr denkt nur immer schlecht von mir.
Du und deine ganze Bande.
Man hat es mir schon oft gesagt,
Und weil ihr mich immer nur gekränkt
Und nicht mal mein klares Wasser mir gönnt,
So seid ihr allesamt Verbrecher,
Gegen die man sich halt wehren muß.
Und er griff das Lamm,
Schleppte es zum Wald
Und fraß es,
Ohne Recht und Richter.

PAUL Und?

DUNANT

Wie es diese Fabel lehrt,
Das Recht des Stärkeren ist am meisten wert.

PAUL Was ist das wieder für eine haarsträubende Geschichte?

DUNANT Eine Fabel von La Fontaine. Meine Mutter erzählte sie mir, als ich vier Jahre alt war.

PAUL Und wie ich Sie kenne, hatten Sie etwas dagegen, daß der Wolf das Lamm frißt.

DUNANT Ja.

PAUL Sie glauben zu wissen, was Recht und Unrecht ist, da irrt man sich leicht. Wenn Sie schon partout etwas Gutes tun wollen, da unten finden Sie ein reiches Betätigungsfeld. Das Paradies liegt nicht mehr irgendwo. Es wird hier auf Erden hergestellt, in hundert Jahren, maximal. Unsere Nachkommen werden dieses Jahrhundert neben die Erschaffung der Welt stellen. Das letzte große Abenteuer.

DUNANT Die Verwandlung der Welt in eine Zahl.

PAUL 100prozentig! Die Menschheit hat Inventur gemacht. Die Kontinente sind vermessen. Die Meere berechnet. Der Himmel erfaßt. Die Menschen erkannt. Der Planet ist vorzüglich. Die Bevölkerung zu gebrauchen. Alles ist in Bewegung. Die Produktion erhöht sich. Der Verkehr beschleunigt sich. Die Bevölkerung wächst. Die Maschinen beschäftigen sie. Die Zeitung unterrichtet sie. Der Kunstdünger ernährt sie. Und nachts ist alles erleuchtet. Welch eine Epoche.
Und was ist das alles für Sie? Als Bankier?

DUNANT Potentielles Kapital.

PAUL Die einzig richtige Antwort. *Er geht weiter. Dunant bleibt stehen.* Kommen Sie weiter, Dunant. Nur weiter. Hier gehts schon wieder abwärts.

Paul und Dunant ab.

12 Privates

Schnyder nimmt Mornai beiseite, sie gehen von der Empore auf das Zwischenpodest.

SCHNYDER Kombination verschiedenartiger Industriezweige in großen Dachgesellschaften. Horizontal und vertikal. Kapitalkonzentration.

MORNAI Und die Finanzierung?

SCHNYDER Was ist der Reichtum der Rothschilds gegen die Notpfennige des Volkes. Mobilisierung des im ganzen Lande gehorteten Strumpfgeldes und seine Umwandlung in Kapital. Man muß sich das Ganze nur als eine Bank vorstellen. Die Gesellschaft als Kreditsystem. Die Société als Société anonyme. Das Volk gibt, die Industrie nimmt, gibt wieder dem Volk und so weiter.

MORNAI Nicht Politiker, Bankiers gehören an die Spitze des Staates.

SCHNYDER Als Politiker erhalten Sie einen Sitz im Aufsichtsrat. Wir suchen Beteiligungen an Eisenbahnen, Bergwerken, Versicherungen, Zeitungen und Banken. Zunächst die Eingliederung aller kleinen Bahnstrecken in ein großes Netz. Dann natürlich die dazugehörenden Industrien. Kohle, Stahl.

MORNAI Dazu natürlich mit Staatshilfe die Telegraphenlinien, die Bahnhofsbauten und nicht zu vergessen die Bahnhofsbuchhandlungen.

SCHNYDER Sie bringen zehn Prozent vom Umsatz und steigern die Kultur.

MORNAI Die öffentliche Meinung –

SCHNYDER Die überlassen Sie lieber uns. Sie haben doch sehr hübsche Zeitungsbeteiligungen. Wir schließen einen sauberen Vertrag. Sie bringen Ihre Beteiligungen in eine neue Gesellschaft ein, eine Zeitungs-AG. Dafür liest man dann täglich etwas über die Eisenbahn.

MORNAI Und der vielstimmige Klang der öffentlichen Meinung ist das Sprachrohr einer Société anonyme.

SCHNYDER Es liegt im Interesse des Staates. Wir brauchen Konzessionen für neue Eisenbahnlinien. Sie können sie uns beschaffen. Verbinden wir unsere Strecken mit den ausländischen. Von Spanien nach Rußland eine einzige Bahnlinie, und alles reist.

MORNAI Von den dazugehörenden Bahnhöfen, vorbei an den dazugehörenden Fabriken, vertieft in die Lektüre der dazugehörenden Zeitungen, zu den dazugehörenden Banken.

SCHNYDER Was haben Sie gegen den Fortschritt?

MORNAI Nichts.

SCHNYDER Alles verdient daran und lebt davon. Jeder wird verreisen wollen.

MORNAI Warum?

SCHNYDER Warum?

MORNAI Warum?

SCHNYDER Weil es Eisenbahnen gibt. Was ist dagegen einzuwenden?

MORNAI Daß es unsere Eisenbahn ist.

SCHNYDER Irgendeinem muß sie doch gehören. Soll sie der Staat besitzen?

MORNAI Wenn die Bankiers ihn vorher schon übernommen haben.

SCHNYDER Sie können es drehen und wenden, wie Sie wollen. Die Sache ist nicht anders zu machen.

MORNAI Lassen wir es uns also angelegen sein, in der Industrie, im Handel und im Finanzwesen alle Reformen anzupacken, die dem Wohlbefinden der breiten Masse dienen und das Los der Arbeiterklasse bessern können.

Sie gehen beide wieder auf die Empore zurück.

13 Salon

Dunant und Paul stehen vor der Haupttreppe. Paul studiert eine Zeitung, mit der er während der ganzen Szene intensiv beschäftigt ist. Ein Dienstmädchen zieht am Vorbau zwei schwere Portieren zu und serviert anschließend den Tee.

PAUL Nordbahn-Aktien 5 Punkte unter pari. Drei Tage nach der Emission ist das eine Schweinerei.

DUNANT Sie haben selber gesagt, es sei ein Schwindelunternehmen.

PAUL Natürlich ist es ein Schwindelunternehmen. Aber bei einer anständigen Placierung zieht man den Kurs hoch bis das Publikum einsteigt. Kommt die Masse, macht man Kasse. Dann kann der Kurs in den Boden stürzen und die Nordbahn mit ihm. Wie war die Stimmung an der Börse?

DUNANT Auch unter pari.

PAUL Staatsanleihen?

DUNANT Gehalten.

PAUL Wenigstens etwas. Wo bleiben denn die verdammten Weiber.

Pause. Er liest. Seine Frau und seine Tochter treten auf.

Na endlich. Schauen Sie genau hin, Dunant, da kommen zusammen 15 Millionen. Die Alte ist, gottseisgeklagt, eine unkündbare Hypothek. Aber die Junge ist noch übertragbar. Lieber Dunant, darf ich Ihnen mein wertvollstes Besitztum, meine Familie, vorstellen. Meine liebe Gattin. Meine liebe Tochter. Monsieur Dunant. Ich habe euch oft von ihm erzählt. *Förmliche Begrüßung, dann nimmt man unter dem Vorbau der Haupttreppe Platz.*

MADAME Nehmen Sie doch Platz, Monsieur Dunant. Es ist reizend von Ihnen, daß Sie uns einmal in unserem Heim besuchen. *Zu ihrer Tochter* Willst du uns nicht etwas auf dem Harmonium vorspielen? *Die Tochter spielt während der Szene auf einem Harmonium. Zu Dunant* Nehmen Sie Tee?

DUNANT Danke.

MADAME Wie man hört, werden Sie nach Algerien gehen.

DUNANT Ihr Gatte war so gütig, mir die Leitung seiner algerischen Unternehmen anzuvertrauen.

MADAME Wie schön für Sie. Und sicher auch erfreulich für deine Geschäfte.

PAUL Das wird sich noch herausstellen.

MADAME Werden Sie auch mit Sklaven handeln?

DUNANT Ich verabscheue den Sklavenhandel.

PAUL Monsieur Dunant ist ein guter Mensch.

MADAME Ich finde es schön, daß die jungen Leute in die Welt hinausgehen. Der Kolonialgedanke ist etwas Großartiges. Wir haben eine Mission. Der Besitz von Kultur und Zivilisation verpflichtet zu ihrer Ausbreitung.

DUNANT Ich freue mich sehr auf Afrika. Gerade Algerien hat eine eigenständige und hochinteressante Kultur.

PAUL Sie lesen zuviel.

DUNANT Es wird behauptet, daß die Soldaten, die Algerien erobert haben, weniger gebildet waren als das Volk, das sie eroberten.

PAUL Sie lesen nicht nur zuviel, Sie lesen auch die falschen Bücher. In meinen Büchern steht nichts davon.

DUNANT Auch in Indien und China hat Europa hochentwickelte Kulturen vorgefunden. Viel älter als unsere, das können Sie doch nicht bestreiten.

PAUL Die chinesischen Aufständischen und die indischen Meuterer haben die Feuerkraft unserer Kultur kennengelernt, als sie versuchten, sich der Zivilisation zu widersetzen.

MADAME Die Überlegenheit der abendländischen Kultur ist unbestritten.

PAUL Asien, Afrika, was heißt das schon? Ein Land, das ein Weißer nicht gesehen hat, existiert nicht. Schauen Sie auf die Landkarte. Was sehen Sie? Frankreichs Kolonialgrün und Britanniens Rot, neben einer ganzen Anzahl anderer Farbflecken. Wir haben die Welt mit unseren Farben überzogen. Europa hat Ordnung in die Geografie gebracht. Das einzige Problem sind die Eingeborenen.

MADAME Sie sind nun mal ein Teil der Landschaft, und man muß sie so weit ausbilden, daß sie sich wenigstens nützlich machen können. Wie kann ein Eingeborener Tugend und Moral besitzen. Er muß doch erst dazu erzogen werden. Stellen Sie sich vor, in Afrika verkauft man eine Frau für ein paar Kühe.

PAUL Abgesehen vom niedrigen Kapitalisierungssatz, wie kommst du darauf?

MADAME Ich meine grundsätzlich.

PAUL Grundsätzlich ist es Barbarei. Aber was kann man von den Schwarzen anderes erwarten.

MADAME Achten Sie nur auf Ihren Weg, Monsieur Dunant. Die richtige Mitte einzuhalten ist der sicherste Lebensweg.

PAUL Eine Abkürzung dann und wann kann auch nicht schaden.

MADAME Aber Monsieur Dunant ist doch kein Betrüger.

PAUL Dann wird er nie ein ehrlicher Mensch.

MADAME Was hülfe es dem Menschen, wenn er alle Güter dieser Welt gewönne und wäre nicht ein Biedermann. Hoffentlich werden Sie auf Ihrer Reise nicht von Kommunisten ermordet und ausgeraubt. In Paris soll es von solchen Leuten nur so wimmeln. Haben Sie auch schon von dieser Sache gehört?

DUNANT Man hat ein Manifest veröffentlicht.

PAUL So was lesen Sie?

DUNANT Es stand in der Zeitung.

PAUL Ich lese die Kurse, in denen die Weltgeschichte ausgedrückt wird in runden Zahlen. Verständlich für alle, die da Augen haben.

MADAME Ich habe gehört, sie wollen die Auflösung der Ehe.

PAUL Was? Die Ehe auflösen? Die Familie? Die heiligsten Bande?

DUNANT Die Abschaffung des Privateigentums.

PAUL Hören Sie auf. Wo haben Sie das her?

DUNANT Es stand in der Zeitung.

PAUL Soll man auch noch das Feuilleton lesen.

MADAME Warum heißen sie Kommunisten?

DUNANT Sie wollen –

PAUL Sie wollen wohl, daß ich einen Schlaganfall bekomme. Was soll das Kind denken.

DUNANT Ich bin kein –

PAUL Wer das Wort in den Mund nimmt, der ist auch einer.

Das Harmonium verstummt.

MADAME Nehmen Sie noch eine Tasse Tee, Monsieur Dunant?

DUNANT *steht auf* Danke Madame. Ich muß noch packen und habe auch noch einige Bücher abzuschließen.

PAUL Mein lieber Dunant, nehmen Sie es mir nicht übel, wenn ich mal grob war. Es war nur in Ihrem Interesse. Wenn Sie jetzt einer fragt, was Sie sind, dann dürfen Sie mit Stolz antworten: ein königlicher Kaufmann. Grüßen sie mir Algier, und aufgepaßt, keine Träumereien mehr. Ich vertraue Ihnen immerhin die Schweizer Kolonien an.

Verabschiedung. Die Familie geleitet Dunant. Alle ab.

14 Fabrikbesichtigung

Die Gesellschaft steigt von der Empore herab und besichtigt die Fabrik.

SCHNYDER Meine Damen und Herren. Darf ich Sie jetzt zur Besichtigung der Fabrik bitten. Achten Sie bei unserem Rundgang vor allem auf die Dampfmaschine, die nimmermüde Freundin des Arbeiters. Durch die ständige Wiederholung ein und derselben Arbeit eignet sich der Arbeiter Geschicklichkeit und Schnelligkeit an. Dieses Prinzip muß man in großen Etablissements immer ins Auge fassen, da die Teilung der Arbeit billigere Waren liefert, dadurch die Nachfrage vergrößert und den Umsatz hebt.

Die Gesellschaft verschwindet unter der Empore.

Unter der Empore an den Maschinen.

3. ARBEITER Gib mir das Brot! Du Hund, du sollst mir – Der stiehlt einem das Brot bei der Arbeit.

Zwischen den Maschinen eine Schlägerei zwischen dem 3. Arbeiter und einem anderen Arbeiter.

ARBEITERIN Das Brot ist dies Jahr teuer.

1. ARBEITER Aber es ist doch genug Korn gewachsen.

ARBEITERIN Das ist wahr.

2. ARBEITER *singt*

Wär das Leben eine War, mit Geld zu erwerben,
Der Reiche würd leben, der Arme müßt sterben.

ARBEITERIN Da war ein Prozeß gegen einen Bankier, und im Gerichtssaal hat er sich drauf berufen, daß er ein großer Wohltäter sei, da hat der Staatsanwalt ihm geantwortet: seine Wohltaten zählen deshalb nicht, weil er sie mit dem Geld der armen Leute erwiesen habe. Da hat man ihn scharf getadelt.

1. ARBEITER Den Bankier?

ARBEITERIN Den Staatsanwalt.

2. ARBEITER *singt*

Zwölf Stund hat ein jeder Tag,
Mensch bedenk, daß sterben magst.

3. ARBEITER Sterben mußt immer, auch wennst reich bist, Alter. Aber wiest inzwischen gelebt hast, da sing einer ein Lied von.

1. ARBEITER Unsereins wird sterben, eh er noch gelebt hat.

3. ARBEITER Aber jetzt ist die allgemeine Überzeugung, daß die Menschen Pflichten und Rechte haben und daß Leben kein anderer Name für Geld ist. Wer erzeugt alle Lebensmittel? Hungrige Arbeiter. Wer baut all die Fabriken und Wohnhäuser? Arbeiter, die kein Dach über dem Kopf haben. Wer spinnt das Garn und webt alle Stoffe? Arbeiter, die in Lumpen gehen. Wer bedient die Maschinen in den Fabriken und fördert die Kohle in den Bergwerken? Arbeiter, und dabei bleiben die Arbeiter arm, während die, die nicht arbeiten, reich sind. Da erzählen sie uns gern von den guten Eigenschaften, die es braucht, um eine Fabrik zu leiten. Aber wieviel Tatkraft, Kühnheit, Rücksichtslosigkeit gehört dazu, in eine Fabrik zu gehen. Wieviel Fleiß, Ausdauer, Mühe gehört dazu, 14 Stunden an einer Maschin zu stehen.

ARBEITERIN Du bist ein Agitator und redst nur so daher.

1. ARBEITER Das wissen wir schon, daß wir doch nur für die Geldleut uns schinden. Die machen gute Geschäfte mit unserem Schweiß, und wenn sie uns nicht mehr brauchen, können wir gehen, woher wir gekommen. Wenn wir krank werden, da können wir uns hinlegen und Kartoffel kauen, wenn wir sie haben, oder auf dem Mist krepieren, was schert sich der Reiche drum.

2. ARBEITER Wenn Arbeit reich machen würde, dann müßten die Mühlen den Eseln gehören und uns die Fabrik.

Mornai, David, Blanche, der Bischof und der General erscheinen unter der Empore.

MORNAI Meine Herren, Sie sehen, die Industrie ist der Sieg der menschlichen Vernunft über die materielle Welt. Die Wissenschaft herrscht nun auch in der Wirtschaft durch ihre Naturgesetze. Der neue Mechanismus wird automatisch alle Menschen reicher und glücklicher machen. Der Eigennutz der Privateigentümer ist die beste Garantie für das Gemeinwohl. Die Ziele der Gesellschaft können nichts anderes sein als die arithmetische Summe der Ziele der Individuen. Das Nützlichkeitsprinzip arbeitet so verläßlich wie die Arithmetik.

DAVID Alle menschlichen Beziehungen sind daher auf diese Grundsätze zurückzuführen, auf die rationale Berechnung der eigenen Interessen.

Die Gruppe verschwindet wieder unter der Empore. David bleibt zurück und macht sich Notizen. Blanche schaut ihm über die Schulter.

BLANCHE Darf man?

DAVID Für die Abendausgabe. *Er liest aus seinem Manuskript.* Die begriffene Welt! Versuchen wir zu sehen und zu verstehen. Gehen wir in die Fabrik. Welch ein märchenhafter Anblick. Das Reich des Eisens, in dem seine Majestät das Feuer regiert, angefüllt mit Maschinen, Feuerstellen, Flammengarben, Eisenblöcken, Räderwerk. Die gefräßigen Maschinen verschlingen dieses Feuer, dieses blendendhelle Eisen, erschaffen Lokomotiven, Schiffe, Kanonen, fein wie von Künstlerhand getrieben, unförmig wie das Werk von Riesen, kompliziert und zerbrechlich, brutal und mächtig. Ein kräftiger Mann, schön, jung, ernst, sitzt vor einem Rad und dreht daran wie ein Steuermann, und wie ein Diener verneigt sich die Maschine, ganz natürlich, als wäre sie von einer Seele belebt.

Beide ab.

1. ARBEITER Man sollte alle aufhängen und erschießen.

ARBEITERIN Da kommen nur Neue, und die nennen sich auch Eigentümer.

1. ARBEITER Dann müßt man ihnen eben ihren Besitz wegnehmen. Da stehen sie nackt da wie das Jesuskind in der Krippe, und das ist ein christlicher Zustand.

ARBEITERIN Da werdens sich wehren. Den Besitz gebens nicht her. An den habens sich gewöhnt. Und wir stehn als Diebe da.

2. ARBEITER Das fragt sich noch, wer der Dieb ist. Von wem habens denn den Besitz? Von uns und unserm Vater und unserm Großvater und unserm Urgroßvater und und und. Kein Mensch weiß mehr genau. Es

ist schon so lange und immer so. Sie haben was und wir haben nix, und sie sind dran gewöhnt, daß sie was haben, und wir sind dran gewöhnt, daß wir nix haben.

ARBEITERIN Das ist eben die Tradition, und die wollen sie sich erhalten.

1. ARBEITER Man müßt ihnen ihre Bücher wegnehmen, in denen sie alles aufschreiben. So wie die Bauern den Grundbesitzern die Urkunden verbrannt haben.

2. ARBEITER Die Bibel habens auch schon oft verbrannt, und die Kirche ist immer noch da. Und die Bauern sind auch immer noch arm.

1. ARBEITER Man wird sie halt doch erschießen müssen.

ARBEITERIN Da stehn wir als Mörder da, und da werden sie uns erschießen.

3. ARBEITER Und wie stehn die dann da, mit ihrem Besitz und unseren Leichen?

ARBEITERIN Die stehn gut da.

2. ARBEITER Das versteh wer will. Das versteht nicht mal Gott. Das ist so perfekt wie a Dampfmaschin.

Die Gesellschaft erscheint wieder unter der Empore.

SCHNYDER Sie sehen, es gibt gegenwärtig mehr Vorzüge und Annehmlichkeiten des Lebens als früher. Es ist mehr produziert worden, weil mehr gebraucht wurde, und weil mehr produziert wurde, wurde mehr gebraucht. Die Segnungen, welche die physikalisch-mechanische Wissenschaft der Gesellschaft gebracht hat, sind bis jetzt nicht genug gewürdigt worden. In geräumigen Hallen sammelt die wohltätige Kraft des Dampfes die Scharen seiner Diener um sich und weist jedem die geordnete Aufgabe zu. Das ist das Fabriksystem, das der große Förderer der Zivilisation zu werden verspricht und das zugleich mit dem Handel das Lebensblut der Wissenschaft den Völkern zufließen läßt, welche noch im Dunkel leben. Bedenken Sie bitte, es ist unser Ziel, zur materiellen und geistigen Erneuerung der Kolonialvölker beizutragen. Wir werden die schlummernden Kräfte dieser Völker, die bisher ohne jede Existenzberechtigung dahinvegetierten, nutzbar machen. Wir werden einen Arbeitsplan für die ganze Welt aufstellen. Wir brauchen Rohstoffe zur Steigerung unserer Produktion, und gleichzeitig neue Absatzgebiete. Wir sind bereit, den unterentwickelten Völkern ihre Rohstoffe abzunehmen, unsere Industrie weiterzuentwickeln und die hochentwickelten Waren den unterentwickelten Völkern zu verkaufen. Gewissermaßen ein Gegengeschäft. Das Ergebnis wird eine von den europäischen Hauptstädten dirigierte

weltumspannende Ladenkette sein. Ein goldenes Zeitalter, das all unsere Arbeit und unser Erziehungswerk krönt.
Beifall. Die Gesellschaft begibt sich durch die Fabrik ab. Unter der Empore wird es dunkel.

15 Algerien

Ein Eingeborener stellt einige Korbstühle vor dem Vorbau auf und zieht eine Markise hervor.
Dunant, Nick und ein Offizier der französischen Kolonialtruppe treten auf. Dunant trägt einen weißen Anzug. Er befestigt etwas abseits eine Hängematte zwischen zwei Säulen der Empore und legt sich hinein. Nick und der Offizier setzen sich.

OFFIZIER Wir kamen im Morgengrauen. Die Sonne ging gerade über den Hügeln auf. Die ersten Strahlen fielen auf das Dorf. Das lag da so im Tal vor uns. Alles schlief. Rauch stieg von den Hütten auf. Das Vieh weidete. Ein Bild von Ruhe und Frieden. Romantisch. Dann wir mit der Kavallerie mitten hinein. Ein Tohuwabohu. Menschen schreien, Vieh blökt, Schüsse, Kinder, Verletzte, Sterbende, Staub, Gewehre, Uniformen, Gestöhn, Gebrüll, eine Hölle, und auf einmal ist es wieder still und ruhig. Die Sonne ist ganz aufgegangen und scheint so wie jetzt. Wir sammeln das Vieh ein, plündern die Häuser, stecken das Dorf in Brand und ziehen ab. An Beute hatten wir tausend Ochsen, dreitausend Hammel und Ziegen, dreihundert Esel, sechzig Pferde, zwanzig Kamele, Teppiche, Zelte, Gerste, Weizen, Silber, Schmuck, Stoffe, Waffen. Die Truppe sah aus wie eine Karawane. Das ist das Rezept, mein Lieber, wie man gegen Eingeborene vorgehen muß. Die Kasbah in Algier haben wir 8 Tage lang geplündert.
NICK Eine schöne und reiche Stadt.
OFFIZIER Der General ist der Ansicht, daß man die Algerier nur unterwerfen kann, wenn man ihre Gesellschaft und ihre Moral zerstört. Man hat die religiösen Stiftungen beschlagnahmt, die Schulen und die Priesterseminare aufgelöst. Hier sind die Lichter aus. *Zu Dunant* Algerien wird Ihnen guttun. Hier hat man keine Zeit, sein Gewissen zu erforschen. Ich habe mir nichts vorzuwerfen. Ich habe meine Pflicht

getan, morgen würde ich dasselbe tun. Allerdings: Afrika widert mich jetzt an.

MISSIONAR *tritt auf, ein Gewehr in der Hand* Gott grüße euch, ihr Kindlein.

OFFIZIER Der heilige Gottseibeiuns persönlich. Na, du alter Seelenverkäufer, spielen wir eine Runde?

MISSIONAR Habt ihr gebetet und gebeichtet? Seid ihr reinen Herzens? Sonst nicht. *Er setzt sich zu Nick und dem Offizier und die drei beginnen ein Kartenspiel.* Ein Neuer?

OFFIZIER Aus der Schweiz.

MISSIONAR Womöglich noch ein Calvinist.

OFFIZIER Jedenfalls ein Bankier.

MISSIONAR Recht so, mein Sohn, finanziert muß sein. Schon Christus wurde für 30 Silberlinge verraten, ein bescheidener Preis für einen Sohn Gottes. Geld ist die einzig wahre Religion, an die alle glauben. Glaub einem alten Missionar, der Millionen zu Gott bekehrt hat. Zu Christus, zu Mohammed, zu Buddha, je nachdem was gerade verlangt wurde.

NICK Wen vertreten Sie jetzt?

MISSIONAR Eine französische Gewehrfirma. Das ist ein Muster. Wenn Sie interessiert sind. Bei Großaufträgen haben wir sehr interessante Nachlässe. Außerdem reise ich noch für den Heiligen Vater in Rom. Auch hier bin ich in der Lage, günstige Konditionen zu bieten. Unsere Ablässe sind absolut konkurrenzlos. Unser Glaube ist der beste. Und die Gewehre sind gesegnet.

NICK *zeigt auf das Gewehr* Ist das nebenberuflich oder hauptberuflich?

MISSIONAR Ach Gott, mein Sohn, ich würde sagen, es ergänzt sich aufs schönste. Als Reisender muß man flexibel sein. Manchem Stamm zeigt man mit Vorteil erst die Bibel, anderen wiederum erst das Gewehr. Das kommt drauf an, wer da war. War ein Missionar da, zeig ich das Gewehr. War ein Händler da, zeig ich die Bibel. War noch keiner da, danke ich Gott und arbeite mit beiden, gewissermaßen als Staatsmann. Ich hab ganze Länder für ein paar alte Unterhosen erworben und gegen pures Gold verhökert. Was sagt denn der große weiße Kaufmann dazu? Ist das ein Geschäft für einen armen Missionar oder nicht, ein Land wie Belgien gegen eine alte Unterhose.

NICK Das wäre ein sittenwidriger Vertrag, weil der Kaufpreis in keinem Verhältnis zur verkauften Ware steht. Wobei der Vertrag, selbst wenn der eingeborene Belgier wüßte, was er unterschreibt, an sich schon ungültig wäre, weil irgend ein Belgier ja unmöglich Belgien verkaufen kann. Nicht mal der belgische Häuptling könnte das.

MISSIONAR Das kann ich, der ich reinen Herzens bin, nicht wissen. Vertrag ist Vertrag, und ein Widerspruch dagegen ist Aufruhr gegen die Obrigkeit, und Aufruhr gegen die Obrigkeit ist Sache des Militärs. Was macht der Krieg?

OFFIZIER Krieg? Das Wort kenn ich nicht. Wir haben strengen Befehl, nur Befriedungskampagnen durchzuführen. Wir haben Dörfer verbrannt, Olivenbäume gefällt, Pflanzungen verwüstet, Brunnen verstopft. Wenn wir weiterzogen, ließen wir nur Leichen zurück, Männer, Frauen, Kinder. Auf zig Meilen im Umkreis war alles dem Erdboden gleich. Aber Krieg ist das hier nicht.

NICK Auf einem Markt sah ich Frauenarmbänder an abgeschnittenen Handgelenken und Ringe, an denen noch Fleischfetzen hingen.

MISSIONAR Sie werden in der Jugend an den Armen und Beinen der Mädchen befestigt und sitzen später sehr fest. Da müssen unsere Soldaten ihnen leider die Hände und Füße abschneiden.

OFFIZIER Die europäischen Kaufleute nehmen alles, mit und ohne Fleisch.

NICK Wir sind im Lande der Barbaren und sind gekommen, sie zu zivilisieren.

MISSIONAR Und das verlangt Opfer. Es geht um das Heil dieser Menschen, da braucht es Seelengröße.

OFFIZIER Hier sitzt jeder von euch auf vier Leichen, die von zwei Soldaten bewacht werden.

MISSIONAR Macht euch die Erde untertan. Willst du ein paar Sklaven? Ich hab da was vorrätig.

OFFIZIER Was denn?

MISSIONAR Eine Ladung Bantus, gute Qualität.

OFFIZIER Qualität, Mensch, das ist doch reine Massenware. Handelsklasse C. Bantus sind überhaupt nicht mehr abzusetzen. Die werden dir an der Küste nachgeworfen.

MISSIONAR Ich geb sie dir billig.

OFFIZIER Aber die sterben dir schon unterwegs auf dem Schiff. Was nützt dir da ein günstiger Einkaufspreis. Lieber ein Teurer als drei Billige. Handelsklasse A, Yoruba oder Dahome, das lohnt sich noch. Aber das ist auch bald vorbei.

MISSIONAR Ja, das Herz der Menschheit schlägt neuerdings ununterbrochen für die Sklaven.

NICK Das ist der beste Beweis, daß das Geschäft erledigt ist und nichts mehr bringt. Die Zeiten, wo man einen Neger für einen Messingknopf haben konnte, sind vorbei. Die Gewinne werden heute woanders gemacht. Hat einer von euch gehört, daß das Herz der Menschheit für die Arbeiter schlägt? Ich nicht. Und das ist der Beweis, daß jetzt dort verdient wird. Wird ein Mensch teurer als ein Tier, rentiert er nicht mehr, und man muß eine Maschine kaufen. Und im Zeitalter der Maschine bleibt für den Menschen nur noch eins: Miete. Wer einen Sklaven kauft, legt sein Kapital auf Jahrzehnte fest. Wird der Mann krank, ist er kaum noch was wert, und man muß ihn noch pflegen, stirbt er, ist das Kapital hin. Wird ein Arbeiter krank, schmeißt du ihn raus, stirbt er, ist das ganz egal, du mietest dir einen anderen. Kommt eine Krise, ist ein Sklave eine völlig wertlose Investition, die auch noch kostet. Eine Maschine kann man abschalten, ein Tier kann man schlachten, Neger schlachten, sein eigenes Kapital vernichten, so unmenschlich ist keiner. Aber du kannst jederzeit zehntausend Arbeiter auf die Straße setzen, und ob die zu essen und zu trinken haben, das ist ganz egal. Weiße Sklaven, wie die Engländer sagen, und die verstehen etwas davon.

MISSIONAR *schmeißt die Karten hin* Und wenn du verlorene Seele nochmal mit fünf Assen spielst, werd ich dich auf der Stelle exkommunizieren.

OFFIZIER Und ich werd dich auf der gleichen Stelle erschießen.

MISSIONAR Lasset uns zum Besäufnis schreiten. Es lebe die Heilige Dreieinigkeit, die uns so schön die Welt erschließt. Die Religion, die Soldaten und der Handel. In der Reihenfolge. Wir überlassen euch jetzt euren Geschäften.

Missionar und Offizier ab.

DUNANT Willst du eine Ladung Holz?

NICK Durch die Bücher deiner Firma oder auf deine Rechnung?

DUNANT Willst du oder willst du nicht?

NICK Meinetwegen.

DUNANT Ich hätte auch noch eine Ladung Haifische.

NICK Du mit deinen Nebengeschäften. Damit wirst du auf die Dauer auch nicht reich. Da mal eine Ladung Holz, da mal eine Ladung Haifische, das ist doch Kleinkram. Und wenn deine Firma dahinterkommt?

DUNANT Zu deiner Beruhigung, sie haben es schon entdeckt. Die Buchhaltung ist eine exakte Wissenschaft.

NICK Und?

DUNANT Sie haben mir eine Prämie von 200 Francs gezahlt. Für die Initiative!

NICK Was ich sage. Man muß selber Geschäfte machen.

DUNANT Ich bin dabei mich selbständig zu machen. Machst du mit?

NICK Wenn es sich lohnt. Woran denkst du?

DUNANT Ich denke an den Krieg. Frankreich schickt jedes Jahr mehr Soldaten herüber. Der Krieg wird hier ewig dauern, und Soldaten müssen ernährt werden, und es ist für die Armee billiger, wenn wir sie ernähren, als wenn sie alles über den Seeweg transportieren muß. Das Land ist fruchtbar. Man kann Getreide anbauen, Vieh züchten. Und Frankreich will, daß Weiße hierherkommen. Das Land ist frei. Man braucht es sich nur zu nehmen. Eine Konzession kostet so gut wie nichts. Ein paar Schmiergelder, und die Militärbehörde gibt dir, was du willst. Und Eingeborene, die für ein paar Francs und etwas Essen den ganzen Tag arbeiten, gibt es auch genug.

NICK Ein Bombengeschäft und sicher. Land und Arbeiter fast umsonst und einen festen und zahlungskräftigen Abnehmer. Wir wären konkurrenzlos. Wir könnten alle Truppen in Afrika versorgen, und am Krieg ist immer noch am meisten verdient worden.

DUNANT Und das Geschäft ist ausbaufähig. Riesige Wälder, die man abholzen kann. Blei- und Silberbergwerke, Marmorbrüche. Wir können Olivenbäume, Feigen und Wein anpflanzen. Wir können nach Europa exportieren. Wenn man die Sache groß genug aufzieht, sind wir in ein paar Jahren steinreich.

NICK Dazu braucht man allerdings Beziehungen und Kapital. Die ganz großen Brocken hier bekommt man natürlich nur über Paris, und dann muß man auch investieren können. Ihr in Genf habt doch Beziehungen?

DUNANT So einige.

NICK Und Kapital?

DUNANT Ein bißchen.

NICK Na also. Ich kümmere mich hier um den Kram, und du bearbeitest deine Schweizer. Apropos Schweizer. Es wäre vielleicht ganz gut, wenn du Franzose würdest. Du verstehst. Als Franzose tut man sich hier leichter, sonst hat nachher ein anderer die Konzession.

DUNANT Gut, Franzose.

NICK Es macht dir doch nichts aus?

DUNANT Geschäft ist Geschäft.

MISSIONAR *kommt heraus, ein Buch in der Hand* Sind Sie dieser Dunant, der dieses Buch gegen die Sklaverei geschrieben hat?

DUNANT Ja.

MISSIONAR Der Teufel soll euch Amateurchristen holen. Die Kirche erlaubt es, mein Herr, und daran sollten Sie sich halten.

OFFIZIER *kommt heraus, eine Flasche in der Hand* Wenn du hier weiter so herumbrüllst, werd ich dich mit Cognac überschütten und anzünden.

MISSIONAR Flambierter Missionar. *Er lacht und geht ab.*

OFFIZIER Und das Zivilistenpack sitzt auch noch herum.

NICK Das Zivilistenpack hätte eine interessante Offerte zu machen, den hiesigen Krieg betreffend. Falls man mit der Armee über ein einträgliches Geschäft reden kann.

OFFIZIER Jederzeit. Am Krieg muß man verdienen, wozu taugt er sonst.
Alle ab.

16 Staatsgesetz

Mornai und Schnyder in Jagdkleidung mit einem Gewehr unter dem Arm. Blanche und David in sommerlicher Kleidung. Sie gehen langsam und vorsichtig über die Bühne.

BLANCHE *liest halblaut aus einer Akte* Gesetz zur allgemeinen Sicherheit! Wer zum Zweck öffentlicher Ruhestörung oder zwecks Aufreizung zu Haß oder Mißachtung der Regierung Unternehmungen durchgeführt oder Beziehungen im In- oder Ausland unterhalten hat, wird mit Gefängnis bis zu zwei Jahren bestraft. Wer anläßlich früherer Ereignisse aus Gründen der allgemeinen Sicherheit verurteilt, inhaftiert oder deportiert worden ist und sich jetzt erneut als Gefahr für die öffentliche Sicherheit erweist, kann inhaftiert oder des Landes verwiesen werden.
Mornai und Schnyder reißen ihre Gewehre hoch und schießen.

MORNAI Getroffen.

SCHNYDER Getroffen.

BLANCHE Diese blöde Knallerei. Sagt doch, wenn ihr schießt.

DAVID Einen Schuß kann man schlecht ankündigen, liebe Blanche. Zu einer Entenjagd gehört es nun einmal, die Enten in Sicherheit zu wiegen. Darf ich Ihre morgige Parlamentsrede lesen?

MORNAI Ich bitte sogar darum.

SCHNYDER Geht das nicht zu weit?

BLANCHE Ich bitte auch darum.

DAVID *liest* Meine Herren. Das Ihnen unterbreitete Gesetz hat Erregung hervorgerufen. Da es unter dem Einfluß eines Attentats geboren wurde, glaubt man es von unüberlegter Verfolgung getragen, und man bezeichnet es schon als Verdächtigengesetz.

Mögen jene, die keine Verschwörer sind, versichert sein: das vorliegende Gesetz richtet sich nicht gegen Sie! Diejenigen, die es einschüchtern und auseinandertreiben will, sind die unversöhnlichen Feinde der Gesellschaft, die jede Regierung und alle Autorität verabscheuen. Es sind dieselben, immer dieselben, die Sozialisten.

Heute werden wir ohne Haß, ohne Rache, aber mit Festigkeit für die Maßnahmen stimmen, die die Regierung von uns fordert. Hoffen wir, daß die schwachen oder irregeführten Menschen, nachdem sie von den verderblichen Einflüssen befreit wurden, wieder zur Vernunft kommen.

BLANCHE Läßt sich das Parlament so einschüchtern?

MORNAI Haben Sie eine Ahnung.

BLANCHE Wird es das Gesetz annehmen?

DAVID Mit Mehrheit.

SCHNYDER Man muß diese periodisch auftretenden Konvulsionen um jeden Preis zum Erliegen bringen.

BLANCHE Und was sagt die Opposition?

DAVID Die Opposition? *Er zitiert.* Dieses Gesetz vergewaltigt Grundsätze, die wesentliche Voraussetzungen des Strafrechts sind. Es erlaubt weder Verteidigung noch Debatten oder Öffentlichkeit des Verfahrens. Es definiert nicht die Vergehen, die es unterdrücken will, und enthält nur undeutliche Ausdrücke, die sich zu den übertriebensten Auslegungen eignen. Dieses Gesetz ist auf jeden anwendbar, der seine Unzufriedenheit geäußert hat, eine Kritik von sich gegeben hat, einen Fortschritt gewünscht hat, auf jeden, der falsch gewählt hat. Es gibt keinen Abgeordneten, der von diesem Gesetz nicht betroffen werden könnte. Um die Gesellschaft vor der Anarchie zu schützen, darf man die Autorität nicht bis zur Willkür treiben, denn die Nationen entgehen zwar leicht der Anarchie, verharren aber lange Zeit unter der Willkürherrschaft und können sogar daran sterben.

BLANCHE Ich finde das sehr gut.

MORNAI Die Opposition hat recht.

SCHNYDER Aber wir die Macht.

DAVID Und das Parlament verwechselt die Regierung mit dem Staat.
Mornai und Schnyder reißen ihre Gewehre hoch und schießen. Alle ab.

17 Arbeiterbildungsverein

Vor der rechten Treppe versammelt sich eine Gruppe Arbeiter. Auf der Treppe ein Agitator.

AGITATOR Genossen, willkommen im Arbeiterbildungsverein. Besonders herzlich begrüße ich den Genossen Geheimpolizist der Regierung, der sich keine unserer Zusammenkünfte entgehen läßt, sooft wir auch das Lokal wechseln, und der bei uns allabendlich auf Kosten des Volkes sein wohlverdientes Bier trinkt.
Beifall
Genossen, ihr wißt, kein Wort über Politik. Die Regierung hat das nicht gern. Streik, Löhne, Arbeitsgesetze, soziale Verbesserungen, Wahlen, das sind alles Dinge, von denen ein Arbeiter nichts versteht, deshalb werden diese Themen in den Unternehmervereinen behandelt, denn die verstehen das. Wir setzen daher in unserem Arbeiterbildungsverein den Zyklus über die Volkskunst fort. Die Volkskunst entfaltet sich besonders auf Volksfesten, die die Regierung fälschlicherweise Volksaufstand nennt. Volksfeste dieser Art sollen auf Wunsch der Regierung nicht mehr stattfinden. Ich frage, weiß die Regierung, was damit an unersetzbarem Kulturgut verlorengeht?
Handgearbeitete Kunstwerke von großer Schönheit werden für immer verschwinden. Ihr kennt noch alle diese herrlichen Dinge. Aber eure Enkel, was werden sie davon wissen?

1. ARBEITER Diese kostbaren Hellebarden, die man mit Sensenklingen improvisiert: Über dem Feuer die Krümmung geradebiegen und die Klinge mit glühendem Draht an Stangen von sieben Fuß anbringen, dann den Rücken der Klinge scharfschleifen. Die Bajonette der Soldaten sind nicht so lang wie diese schönen Hellebarden.

2. ARBEITER Oder diese massiven alten Türen aus den Wohnungen: Zehn Zentimeter lange Schießscharten durchbohren, mit Blech abdecken,

Fenster und Balkons mit diesen Türen bestücken, damit man entlang den Straßen ein gutes Blickfeld hat.

3. ARBEITER Pflastersteine in allen Etagen, die kleineren im vierten und fünften Stock und in den Mansarden, die größeren im zweiten und dritten Stock.

AGITATOR Die Regierung hat die früheren Volksfeste genau studiert und ist mit Recht der Meinung, daß die Stadt für künstlerische Aktionen des Volkes besonders geeignet ist. Die Künstler können die Häuser in improvisierte Festungen verwandeln und gut gedeckt von Fenstern und Dächern aus agieren. Entscheidend aber ist die sogenannte Barrikade. Das ist übrigens auch die Meinung der Regierung. Die Barrikade ist ein künstlerisches Gebilde eigener Art, das unsere ungeteilte Aufmerksamkeit verdient. Ein öffentliches Bauwerk, dessen Herstellung im Volk seit alters von Generation zu Generation überliefert wird und das man aus Traditionsbewußtsein besonders gern an den eingangs erwähnten Volksfesten errichtet. Ach diese engen Gassen, sagt der Bürger, mit welcher Leichtigkeit kann man dort eine Barrikade errichten und wie bequem auch aus den Fenstern Bettstellen und alte Öfen auf die Soldaten werfen. Sucht da einmal den Schuldigen, die sind imstande und behaupten, sie hätten nie in einem Bett geschlafen und nie einen Ofen besessen. Man müßte alle Bewohner des Hauses erschießen. Um das zu verhindern, baut die Regierung die großen Boulevards durch die engen Arbeiterviertel. Diese Boulevards sind etwas Schönes. Habt ihr sie euch einmal richtig angesehen?

1. ARBEITER Sie verbinden die Bahnhöfe mit den Kasernen, überbrücken die Kanäle und reißen die Stadtteile auseinander, so daß die frische Luft und die Armee schnell ins Herz von Paris gelangt, wo sie immer willkommen ist.

2. ARBEITER Die Boulevards sind ein Geschenk der Regierung an das Volk, breit und schnurgerade, damit Infanterie und Kavallerie Platz zur Attacke haben und die Artillerie freies Schußfeld.

AGITATOR Und auch hier verdrängt die Regierung wieder, sicherlich ohne es zu ahnen, eine alte Volkskunst. Dagegen müssen wir protestieren. Wie soll man auf einer so breiten und zudem noch asphaltierten Straße eine Barrikade errichten. Vielleicht wird man ja irgendwann einmal eine alte Barrikade restaurieren für das Volkskundemuseum, aber das genügt uns nicht. Eine Barrikade gehört nicht ins Museum, sie gehört auf die Straße, dort kann man ihre Schönheit und ihre Wirkung voll bewundern. Der Pflasterstein ist immer noch das wesentliche Element einer Barrikade, unter der Bedingung, daß man ihn sinnvoll verwendet. Der herkömmliche Pflasterstein ist ein Quader mit 25 Zentimeter Seitenlänge. Man kann also schon vorher die Anzahl der Steine, die man braucht, berechnen.

Der Geheimpolizist geht eilig ab.

Das Volk hat keine Zeit zu verlieren. Hier der Plan einer modernen Barrikade. *Er faltet eine Zeichnung auseinander* Sobald sie fertig ist, setzt man sich mit den angrenzenden Straßen in Verbindung, indem man die Trennmauern der Häuser durchbricht. Wenn ein Haus bedroht ist, zerstört man zuerst das Treppenhaus im Erdgeschoß, dann bricht man Öffnungen in die Dielen der ersten Etage. Allgemeine Regel: es ist nutzlos, auf Soldaten zu schießen, die aus den Fenstern schießen, das bedeutet nämlich sein Pulver vertun. Der Feind hat davon mehr als genug, bei den Aufständischen ist es knapp. Wenn sie über die Straße kommen, muß man sie beschießen und mit Steinen bewerfen. Die kleinen rechteckigen Pflastersteine eignen sich hervorragend für diesen Zweck. Gleichzeitig muß man sich darauf vorbereiten, von der Diele der ersten Etage aus zu schießen, falls sie ins Erdgeschoß eindringen. Auch kochendes Wasser kann unter diesen Bedingungen eine wichtige Rolle spielen. Paßt sorgfältig auf, daß sie keine Sprengladungen anbringen. Die Waffe schlechthin im Straßenkampf ist das Gewehr. Die Kanone macht mehr Krach, als sie nützt. Die Handgranate ist sehr gefährlich zu handhaben, Pflastersteine richten fast ebensoviel Schaden an und sind nicht so teuer. Die Arbeiter haben kein Geld zu verlieren. Der Feind wird versuchen, die Häuser in Brand zu setzen. Das Feuer zu löschen wird schwierig sein. Wenn es nicht gelingt, muß man sich auf eine zweite Verteidigungslinie zurückziehen. In diesem Fall wird das Kanalisationssystem äußerst wichtig. Die Karte der größten Kanäle findet man im zweiten Band des »Führer durch Paris«. Die kleinen Kanäle sind unbekannt, es ist daher nützlich, sich bei den Kanalarbeitern zu erkundigen.

2 Polizisten kommen, holen den Agitator unsanft von der Treppe herunter und führen ihn ab.

Ich protestiere im Namen der Kunst!

Auflösung der Versammlung. Alle ab.

18 Geschäftsempfang

Vor der linken Treppe stehen einige Bürger, auf der Treppe Paul und Dunant in seinem weißen Anzug. Alle halten ein Weinglas in der Hand.

DUNANT Messieurs, die von mir und meinem Kompagnon gegründete Gesellschaft besitzt in Algerien, unweit von Setif, sieben Hektar besten Ackerlandes, auf dem Weizen angepflanzt wurde. Die Gesellschaft hat eine große englische Getreidemühle errichtet, vier Stockwerke hoch und mit modernsten Maschinen ausgerüstet. Ihre Kapazität ist so groß, daß sie das Korn der ganzen Gegend mahlen kann. Die Gesellschaft hat eine Straße erbaut, die von der Mühle zur Straße nach Constantine führt und die einen reibungslosen Ab- und Antransport der Waren ermöglicht. Die für den Transport benötigten Tiere liefert eine dem Unternehmen angeschlossene Viehzucht, in der die anfallende Kleie verwertet wird, und die uns darüber hinaus wertvolles Schlachtvieh liefert. Für die Unterbringung der Viehherden verfügt das Unternehmen über zwei große Farmen mit gutem Weideland.

1. BÜRGER Gewinn oder Verlust, das ist die Frage. Sie haben da erhebliche Investitionen getätigt. In einem solchen Land. Algerien ist nicht die Schweiz.

DUNANT Die Gesellschaft arbeitet erfolgreich und hat bereits die ersten Gewinne ausgeschüttet. Die Unkosten sind gering, das Land ist billig, die Löhne der Eingeborenen unerheblich, der Absatz durch Heereslieferungen gesichert.

2. BÜRGER Wie steht es mit der Konkurrenz?

DUNANT Die Mühlen der Eingeborenen wurden auf unser Betreiben hin abgerissen, selbstverständlich gegen eine kleine Entschädigung, wir sind daher in diesem Gebiet konkurrenzlos.

2. BÜRGER Und die französische Kolonialverwaltung?

DUNANT Die lokalen Behörden sind uns durch Lieferung von Mehl aus unserer Mühle bereits verpflichtet.

1. BÜRGER Wozu brauchen Sie dann unser Geld?

DUNANT Die Gesellschaft trägt sich mit der Absicht, eine zweite Mühle zu errichten und das gesamte umliegende Land zu erwerben, um die Kapazität der beiden Mühlen voll ausnutzen zu können. Wir könnten diesen Teil Algeriens zu einer Kornkammer ausbauen und Mehl zur Ernährung aller in Afrika stationierten Truppen liefern. Man könnte eine Wollwäscherei und eine Stärkefabrik errichten, ich erinnere an die Wälder Algeriens, an die silberhaltigen Bleiminen. Große Gewinne sind zu erzielen. Um eine ungehinderte Expansion zu gewährleisten, ist aber, außer neuen Konzessionen, auch eine breitere Kapitalbasis erforderlich. Beides bedingt einander.

1. BÜRGER In welcher Größenordnung denken Sie da?

DUNANT Ich schlage vor, eine Aktiengesellschaft zu gründen, die die Weiterentwicklung der Gesellschaft übernimmt. Grundkapital fünfhunderttausend. Wobei ich Sie bitten muß, eine Erhöhung auf eine Million vielleicht schon im nächsten Jahr ins Auge zu fassen. Fünfzig Prozent des Aktienkapitals übernehme ich, dazu die Geschäftsführung und den Vorsitz des Verwaltungsrates.

2. BÜRGER Unterstellen wir einmal, das Genfer Kapital wäre willig, wer garantiert Ihnen die Pariser Konzessionen?

DUNANT Durch Protektion sollte dies kein Problem sein. Ich schlage vor, einen Teil der Aktien für prominente Persönlichkeiten zu reservieren. Diese Investitionen werden sich in unserem Sinne auszahlen.

2. BÜRGER Nach der allgemeinen Lebenserfahrung sollte man es annehmen. Was meinen Sie?

1. BÜRGER Gewinn oder Verlust, das ist eben die Frage.

PAUL Messieurs, Monsieur Dunant hat in meinem Auftrag die »Gesellschaft der Schweizer Kolonien von Setif« geleitet, erfolgreich geleitet. Er hat außerdem hinter meinem Rücken Privatspekulationen durchgeführt, mit Gewinn. Ein Mann, der mich hereinlegt, ist ein guter Mann. Und ehe er mich erneut hereinlegt, beteilige ich mich lieber daran. Monsieur Dunant, Sie haben mich betrogen, Sie haben mein Vertrauen, ich zeichne Ihre Aktien.

Die Bürger nicken zustimmend.

DUNANT *hebt sein Glas* Messieurs, auf die Société Anonyme Des Moulins de Mons-Djémila.

Alle trinken ihre Gläser aus. Die Bürger gehen ab.

PAUL Gratuliere.

DUNANT Sie sehen, Ihre 200-Francs-Prämie zahlt sich aus.

PAUL Mit den neuen Konzessionen.

DUNANT Was die Konzessionen betrifft, so werde ich mich unverzüglich an Kaiser Napoleon wenden. Als Franzose habe ich ein Recht dazu.

PAUL Der Kaiser ist auf der Fahrt nach Solferino. Krieg mit Österreich, es kann dauern, bis er wieder in Paris ist.

DUNANT Dann werde ich dem Kaiser auf dem Schlachtfeld meine Aufwartung machen und ihm dort meine Denkschrift überreichen. Das ist genau der richtige Augenblick, um einen Napoleon aufzusuchen. Im Zenit seiner Laufbahn, nach einem glorreichen Sieg, wird er uns gerne unsere Konzessionen bewilligen.

PAUL Und wenn er verliert?

DUNANT Dann hat er so eine Denkschrift bitter nötig.

PAUL Hoffentlich nicht wieder eines Ihrer Traktate.

DUNANT *zieht ein Buch aus seiner Jacke* »Das wiedererstandene Reich Karls des Großen oder Das Heilige Römische Reich, neu aufgerichtet von seiner Majestät, Kaiser Napoleon III., von J.-Henry Dunant, Direktor und Präsident der Finanz- und Handelsgesellschaft von Mons-Djémila (Algier), Mitglied der Französischen Orientalischen Gesellschaft, der Geographischen Gesellschaft von Paris und Genf, der Asiatischen Gesellschaft von Paris, der Historischen Gesellschaft von Algier usw.«

PAUL So erfüllt man sich Jugendträume, eine solvente Firma, da kommen Ihre wissenschaftlichen Gesellschaften von ganz allein.

DUNANT Meine These: Napoleon ist der Nachfahre des Kaisers Augustus, Karls des Großen und Napoleons I., und da das Römische Reich nie aufgehört hat zu bestehen, so ist er dessen einziger legitimer Erbe. Salomo und Nebukadnezar sind meine Zeugen. Napoleon III. ist der König aller Könige, dem der Herr des Himmels das Reich, die Kraft, die Macht und die Herrlichkeit gegeben hat. Ein Wort aus seinem Munde setzt die Welt in Schrecken. Ein Strich seiner Feder gibt ihr alle Zuversicht zurück – und leitet Wasser auf unsere Mühlen. Die Konzessionen müssen her, ob Sieg oder Niederlage. Auf nach Solferino. *Paul umarmt ihn und geht ab.*

19 Schlachtfeld

Dunant geht eilig nach rechts. Eine Gruppe französischer Offiziere kommt mit einem Museumsführer unter der Empore hervor.

BEAUFORT Dunant!

DUNANT Beaufort!

BEAUFORT Welch ein Zufall.

DUNANT Kein Zufall, General. Ich suche Sie.

BEAUFORT Mitten im Krieg?

DUNANT Wichtige Geschäfte.

BEAUFORT Ich besichtige gerade das Dante-Haus.

DUNANT Mitten im Krieg?

BEAUFORT Jeder hat so seine Interessen. Was haben Sie auf dem Herzen? Immer noch Algerien?

DUNANT Die bewußte Sache.

BEAUFORT Wie stehen meine Aktien?

DUNANT Mit neuen Konzessionen von Kaiser Napoleon würden sie sehr schnell steigen.

BEAUFORT Verstehe.

DUNANT Siegt der Kaiser?

BEAUFORT Es sieht so aus. Die Österreicher sind bald erledigt. Sie sammeln sich zur letzten Schlacht.

DUNANT Große Verluste?

BEAUFORT Ohne Eier kein Omelett.

MUSEUMSFÜHRER Dante nannte sein Werk Commedia, »weil es furchtbar und häßlich beginnt und mit dem Schönen und Wünschenswerten endet«.

BEAUFORT Inferno, Purgatorio, Paradiso.

DUNANT Als unseres Lebens Mitte ich erklommen,
Befand ich mich in einem dunklen Wald,
Da ich vom rechten Wege abgekommen.

MUSEUMSFÜHRER Erster Gesang der Hölle, erster Vers, der Beginn der Divina Commedia.

BEAUFORT Wollen Sie sich der Besichtigung anschließen?

DUNANT Ich würde lieber das Hauptquartier besichtigen.

BEAUFORT Napoleons Paradiso.

DUNANT Mit einem Empfehlungsschreiben von Ihnen.

BEAUFORT *schreibt ein paar Worte auf einen Zettel* Gehen Sie damit zu MacMahon, der bringt Sie zum Kaiser. Da können Sie sich gleich mal eine richtige Schlacht ansehen. Napoleons Inferno.

DUNANT *nimmt den Zettel* Wo?

BEAUFORT Über den Fluß.

DUNANT Die Brücken sind gesprengt.

BEAUFORT Nehmen Sie einen Bauern und lassen Sie sich rübertragen.

Die Offiziere und der Museumsführer ab.

DUNANT *zu einem Bauern, der am Fuß einer Säule unter der Empore sitzt* He du, rasch, durch den Fluß.

BAUER Bleiben Sie hier, Herr. Krieg. Nicht mal für Geld ging ich da rüber.

DUNANT *wirft ihm ein Geldstück zu* Geld spielt keine Rolle.

Dunant steigt auf die Schultern des Bauern, der ihn nach links über die Bühne trägt. Sie verschwinden unter der Empore. Nach einem kurzen Moment taucht Dunant wieder auf. Er trägt einen blutüberströmten, verdreckten, stöhnenden Soldaten auf dem Rücken und schleppt ihn mühsam über die Bühne nach rechts. Er bricht unter dem Gewicht zusammen.

DUNANT *halb unter dem Soldaten liegend* Bajonette Gewehre Uniformen stechen schießen zerschmettern zerschlitzen machen sich nieder Blut Kot Schlamm sich windende zuckende Fleischklumpen im Blut sich wälzend in die Erde kriechend.

Ab.

20 Gesellschaft

Musik. Ein großes Fest im Haus einer Pariser Kurtisane. Von allen Seiten strömen die Gäste auf die Bühne, man amüsiert sich, lacht, plaudert. Blanche kommt Arm in Arm mit dem General und dem Bischof.

GENERAL Einen Feind zu besiegen, ohne ein Blutbad anzurichten, ist ein Irrtum, der ausgerottet werden muß. Bei einer so gefährlichen Angelegenheit wie bei einem Krieg sind die Fehler, die aus dem Geist der Güte kommen, die ärgsten, wie Clausewitz sagt.

BISCHOF Das ganze Land wurde zum Gotteshaus. Die Sakramente wurden gespendet. Das religiöse Leben blühte bei unseren Truppen in der schönsten Weise. Die Hauptleute baten um Feldgottesdienste. Fleißig wurde der Rosenkranz gebetet.

BLANCHE Mesdames Messieurs, darf ich bitten. Monsieur Dunant wird uns nun aus seinem Buch über Solferino vorlesen.

Dunant geht unter Beifall auf das Zwischenpodest und liest aus seinem Solferino-Buch.

DUNANT Die Verwundeten, die man tagsüber aufsammelt, sind bleich und verstört. Einige, die stark verstümmelt sind, starren vor sich hin und scheinen nicht zu begreifen, was man zu ihnen sagt. Die, deren offene Wunden sich bereits entzündet haben, sind wie von Sinnen vor Schmerzen. Sie verlangen, daß man sie umbringt, sie winden sich mit verzerrten Gesichtern in den letzten Zügen des Todeskampfes. Ihre Gesichter sind schwarz von Fliegen, die sich auf den Wunden sammeln. Da sind einige, bei denen Mantel, Hemd, Fleisch und Blut eine grauenvolle Mischung bilden, in die sich Würmer eingefressen haben. Ein völlig entstellter Soldat, dessen Zunge übermäßig lang aus dem zerschmetterten Kiefer heraushängt, macht Anstrengungen, sich zu erheben. Ich benetze seine vertrockneten Lippen und seine verdorrte Zunge. Dann nehme ich eine Handvoll Scharpie, tauche sie in einen Kübel und drücke das Wasser in die unförmige Öffnung seines Mundes. Einem anderen ist durch einen Säbelhieb ein Teil des Gesichts fortgerissen worden. Nase, Lippen und Kinn sind von dem übrigen Teil des Kopfes getrennt. Unfähig zu sprechen und halbblind, macht er Zeichen mit der Hand. Ein Dritter, dessen Hirnschale weit offen klafft, liegt in den letzten Zügen. Sein Gehirn fließt auf die Steinplatten der Kirche. Seine Gefährten versetzen ihm Fußtritte, weil er den Durchgang versperrt. Ich schütze ihn in seinem Todeskampf und bedecke seinen armen Kopf, der sich noch schwach bewegt, mit meinem Taschentuch. In der Nische eines Altars liegt ein afrikanischer Jäger. Drei Kugeln haben ihn getroffen, eine in die rechte Seite, eine in die linke Schulter, und die dritte ist im rechten Bein steckengeblieben. Er ist wirklich ekelerregend anzuschauen. Seine Kleider sind zerrissen und mit getrocknetem Kot und geronnenem Blut bedeckt. Er fürchtet sich, wenn man sein verletztes Bein berührt, das bereits brandig geworden ist. Das zerschmetterte Bein ist auf das Doppelte angeschwollen. An drei Stellen dringt stinkender Eiter hervor. Violette Flecken zeigen, daß eine Schlagader verletzt ist. Amputation. Der Chirurg, das Messer in der Hand, umfaßt den Schenkel des Soldaten und schneidet in einem Zuge die ganze Haut rings um den Schenkel auf. Ein durchdringender Schrei hallt durch den Raum. Im Gesicht des Gemarterten, in den schmerzverkrampften Zügen sieht man den furchtbaren Todeskampf. Der Arzt hat begonnen, die Haut zu lösen, welche die Muskeln umschließt. Er schält die Fleischteile aus, indem er die Haut wie eine Manschette zurückschlägt. Dann durchschneidet er mit einem kräftigen Kreisschnitt alle Muskeln bis auf den Knochen. Ein Strom von Blut dringt aus den geöffneten

Arterien, überströmt den Chirurgen und fließt auf den Boden. Im höchsten Schmerz stammelt der Verwundete mit schwacher Stimme: »Jetzt ist es genug, laßt mich sterben.« Kalter Schweiß bedeckt sein Gesicht. Die Knochensäge wird angesetzt und schon hört man das Kreischen des Stahls, der in den lebenden Knochen eindringt und das halbverfaulte Glied vom Leibe trennt.

Beifall. Dunant verbeugt sich. Er geht die Treppe hinab. Blanche erwartet ihn mit offenen Armen am Fuß der Treppe. Sie küßt ihn überschwenglich und führt ihn nach vorn.

BLANCHE *zeigt auf ihre Armbinde mit dem Roten Kreuz* Monsieur Dunant, sehen Sie, ich trage Ihre Armbinde, und ich bin stolz darauf. Ich habe sie extra Ihretwegen angelegt und werde sie nie mehr ablegen. Sie ist wirklich todschick.

General und Bischof kommen auf Dunant zu.

GENERAL Der Herr in Weiß.

BISCHOF Tutti fratelli.

BLANCHE Eine Geheimsprache? Wollt ihr mich nicht aufklären?

BISCHOF Die Verwundeten tauften ihn so. Der Herr in Weiß.

GENERAL Und sein Schlachtruf war: Tutti fratelli. Alles Brüder.

BLANCHE Ach, das ist zu schön. Das muß ich weitererzählen. Entschuldigt mich. *Sie geht zu anderen Gästen.*

GENERAL Monsieur, Sie haben etwas geschrieben, was man als die Philosophie des Schlachtfeldes nach der Schlacht bezeichnen könnte. Ich war erst neulich bei den preußischen Manövern. Der König ließ uns einladen, mit ihm in Schloß Benrath bei Düsseldorf zu speisen. Ehe er sich zur Tafel setzte, nahm er General Foray und General Paumgarten bei der Hand. Da sie jetzt Freunde sind, sagte er lächelnd, setzen Sie sich nebeneinander und plaudern Sie. Foray war der Sieger von Montebello, Paumgarten war sein Gegner gewesen, so konnten sie sich nach Herzenslust über die Einzelheiten jenes Tages unterhalten.

DUNANT Auch über die Leichen?

GENERAL Wie?

DUNANT Männer so vieler verschiedener Nationen. Und wie viele von ihnen hat man gezwungen, schon im Alter von zwanzig Jahren Menschen zu töten. Sie alle werden in eine Grube geworfen, nur mit ein paar Schaufeln Kalk und Erde bedeckt, und die Raubvögel stürzen sich auf Füße und Hände, die aus dem Boden hervorschauen. Gewiß, eines Tages wird man wiederkommen, Erde aufschütten, vielleicht ein hölzernes Kreuz aufrichten, aber das wird alles sein.

BISCHOF Wir haben gebetet um den Sieg unserer Waffen und damit um Niederlage, Ruin und Tod für unsere Feinde, und wir haben es aufrichtig getan und von Herzen. Ein wahrhaft sittlicher und gerechter Krieg ist mehr als ein Massenmord, wenn er ernst, fromm und demütig geführt wird, im Namen Gottes und mit Gebeten auf den Lippen. In einem heiligen Krieg sind unsere Brüder gefallen. Ihr Tod war trostreich und schön, fast wie der Tod eines Märtyrers.

DUNANT Arme Märtyrer, für sie wäre es besser gewesen, wenn sie auf dieser Schlachtstätte eine Kugel zu Tode getroffen hätte, inmitten jener prächtigen Schrecken, die man den Ruhm nennt. Es wäre besser für sie gewesen, wenn sie von den Bauernknechten, die die Leichen einscharrten, lebendig begraben worden wären, nachdem man sie bewußtlos aufgelesen hatte, zumindest hätte ihr grauenhafter Todeskampf nicht lange gedauert. Jetzt mußten sie endlose Todeskämpfe erdulden. Sie haben nicht mehr das Feld der Ehre vor Augen, sondern nach unbeschreiblichen Leiden erscheint ihnen mit all seinen Schrekken der Tod. Und das kurze Wort »vermißt« hinter ihren Namen wird ihre ganze Leichenrede sein. In den zahlreichen Spitälern konnte man sehen, welchen Preis man bezahlen muß für das, was die Menschen hochtönend den Ruhm nennen, und wie teuer dieser Ruhm sich erkauft.

GENERAL Nun sagen Sie doch nicht so was. Dieses Solferino, wissen Sie, dilettantisch, wirklich dilettantisch. Der Generalstab war überfordert, die neuen Waffen, die Eisenbahn, der Telegraph, plötzlich standen da ein paar hunderttausend Mann in der Gegend herum und schlugen aufeinander los, direkt peinlich. Aber das wird anders. Ihre Idee mit diesem Roten Kreuz da, wie sie es nennen, ausgezeichnet, das lag schon lange in der Luft. Zu einer modernen Kriegführung gehört ein modernes Lazarettwesen. Sie haben das klar erkannt, und das ist Ihr Verdienst. Sie haben uns da viel Arbeit abgenommen, mein Kompliment. Ohne Ihren menschlichen Appell, wenn ich so sagen darf, wären wir da nicht so weit. Ihre Lösung ist ganz hervorragend, nicht zu kostspielig, aber effektiv. A: Verluste begrenzen. B: Kampfmoral heben. Früher war das egal. Söldner war Söldner, aus. Tot oder verwundet, Berufsrisiko. Aber im Zeitalter des Volkskrieges und der Volksheere und der Angehörigen, die Frage war wirklich dringend geworden. Die Preußen haben den militärischen Vorteil sofort erkannt. Sie haben das Rote Kreuz bereits erfolgreich militarisiert und in ein organisches Verhältnis zur Armee gebracht.

Blanche, Schnyder, Mornai und David kommen hinzu.

SCHNYDER Monsieur Dunant, darf ich Sie zu Ihrem Erfolg beglückwünschen. Ihre Lesung war außerordentlich eindrucksvoll. *Zu Blanche* Nun machen Sie uns doch endlich bekannt.

BLANCHE Monsieur Schnyder, Großindustrie, hundert Millionen, minimum. Herr von Mornai, große Politik, hundert Millionen, maximum.

DAVID Kaum mehr als der Lohn eines Bergarbeiters in hunderttausend Jahren.

MORNAI Lassen Sie mich trotzdem sagen, Monsieur Dunant, daß ich die Gefühle der Sympathie teile, die Ihnen von allen Seiten entgegengebracht werden. Die Größe der Idee besteht darin, aus jedem Menschen auf Erden ein heiliges Wesen für alle machen zu wollen. Mögen Sie, Monsieur Dunant, der den edlen Gedanken hatte, sich ihm auch weiterhin widmen.

DUNANT Messieurs, wir leben nicht mehr in den Zeiten, wo jedes fremde Wesen ein Feind war. Die europäischen Nationen sind heute verbunden durch eng geknüpfte Bande, es gibt eine Solidarität in der Nächstenliebe, in der Wohltätigkeit und der Brüderlichkeit. Eine Solidarität, dazu berufen, die schlechten Leidenschaften der Menschen zu mäßigen, wenn der eine gegen den anderen kämpft und Zerstörung, Verzweiflung und Tod sich ausbreitet. Wenn der eine Teil der Menschen sich vergißt, so muß der andere sich daran erinnern, daß es ein Recht des Blutes gibt, und erscheine es noch so ohnmächtig gegen das Vergießen des Blutes. Das Rote Kreuz hat einen Wetteifer der Opferbereitschaft geschaffen, ohne Rücksicht auf soziale Herkunft, Sprache und Hautfarbe, inmitten des Wahnsinns mordender Menschen.

BISCHOF Doch gewaltig ist der Gewinn an inneren Werten, den uns die Tage des heißen Ringens gebracht haben. Es staunt unser Volk, ob der Fülle tiefer, heiliger Kraft, es hat sich selbst, sein Bestes wiedergefunden.

GENERAL Ich persönlich bedaure, daß die Zeiten vorüber sind, in denen man die eroberten Städte verbrannte, die Gefangenen umbrachte und die Verwundeten niedermetzelte, und ich lege Wert darauf, daß meine Meinung, die ich mir zur Ehre anrechne, bekannt wird.

DAVID Solche Gelegenheiten wird es bestimmt noch in den Bürgerkriegen geben.

GENERAL Ich hoffe es. In diesem Fall werde ich die Gelegenheit nicht vorübergehen lassen, und Sie höchstpersönlich an der Spitze eines Exekutionskommandos aufsuchen.

DAVID Und Hochwürden wird höchstpersönlich seinen Segen dazu geben.

BISCHOF Ein und dieselbe Tat kann göttlich und teuflisch, heilig und nichtswürdig sein, die Gesinnung entscheidet.

DAVID Es gibt keine Menschen, die sich besser verstehen, als Priester und Soldaten. Napoleon I. Diese zwei Säulen des Staates werden Sie nie überzeugen, Monsieur Dunant, geben Sie sich keine Mühe.

Dunant entfernt sich während des Folgenden, holt eine große Tasche und geht damit durch die Gesellschaft. Er verteilt Armbinden und Fähnchen mit dem Roten Kreuz, verschenkt sein Buch, signiert es und redet auf die Gäste ein.

BLANCHE Ist er nicht hinreißend, wenn er einmal loslegt?

SCHNYDER Billiger Artikel eines Journalisten einer bürgerlichen Zeitung.

MORNAI Ich denke, er schreibt für die Opposition.

DAVID Ich habe die Freiheit, für beide zu schreiben und bei den Unabhängigen sogar die unbestechliche Wahrheit.

BLANCHE Ich liebe ihn, weil er drei Meinungen hat. Das ist viel in einer Zeit, in der die meisten Menschen gar keine haben. Monsieur Schnyder hat mir eine Schachtel Pralinen geschenkt, und stell dir vor, er war so reizend, jede Praline in einen Tausend-Francs-Schein zu wickeln.

DAVID Ich dachte schon in Zeitungspapier, aber das wäre wohl zu zweideutig gewesen.

BLANCHE Und Monsieur Mornai hat mir 100 Eisenbahnaktien geschenkt.

DAVID Zwar auch nur bedrucktes Papier, aber doch sehr eindeutig.

BLANCHE Was soll ich annehmen?

DAVID Beides.

SCHNYDER Haben Sie gehört, achtzigtausend Arbeiter im Streik. Schöne Situation!

BISCHOF Die Times warnt in ihrer letzten Ausgabe vor einem Ende mit Schrecken.

SCHNYDER Fragt sich bloß für wen.

GENERAL Ich hab im Dictionnaire nachgeschlagen. Dort steht: Der Sozialismus ist tot, von ihm sprechen bedeutet seine Grabrede halten.

MORNAI Wenn es im Dictionnaire steht, dann wird es wohl stimmen.

SCHNYDER Meines Erachtens sollte man die Koffer packen, den Bürgerkrieg organisieren und die Kosaken um Hilfe bitten.

BISCHOF Gebt mir ein Volk, dessen weltliche Habgier durch Glauben, Hoffnung und Barmherzigkeit gestillt wird, ein Volk, das das Jenseits als seine wirkliche Heimat ansieht, ein Volk, das Jesus Christus als den Erstgeborenen aller Unterdrückten anbetet, und der Sozialismus wird leicht zu besiegen sein.

GENERAL Wenn die gewählte Regierung sich nicht mehr halten kann, muß man die notwendig gewordene Diktatur ertragen, um die Anarchie auszulöschen. Erst dann darf man wieder hoffen, daß das Gesetz regiert und nicht das Verbrechen.

DAVID Das Gesetz sagt: Wenn man einem anderen körperlichen Schaden zufügt, der den Tod nachzieht, so ist das Totschlag. Wenn der Täter im voraus wußte, daß der Schaden tödlich ist, so ist das Mord. Wenn man Zehntausenden von Arbeitern die minimalsten Lebensbedingungen vorenthält, obwohl man weiß, daß Tausende daran sterben, so ist das ebensogut Mord wie die Tat eines einzelnen.

SCHNYDER So wie man in jeder Herde räudige Schafe findet, so befinden sich auch unter uns Verfechter der neuen Lehre für die Glückseligkeit der Völker. Was Jahrhunderte an Gutem geschaffen, veredelt und geheiligt haben, soll vernichtet werden. Nun, die Mehrheit des Volkes ist da wohl anderer Meinung.

DAVID Der Meinung von 183 Personen, die mit ihrem Aktienkapital von 20 Milliarden über Banken, Schiffe, Eisenbahnen, Fabriken, Bergwerke und Zeitungen verfügen.

MORNAI 183, doch noch so viele, hätte ich nicht gedacht.

SCHNYDER Da sehen Sie, wie reich bei uns jeder werden kann.

DAVID Eine wunderbare Schlagzeile für einen Artikel.

SCHNYDER Wem diese Ordnung nicht gefällt, der soll sich beeilen, auf anderen Boden zu kommen.

BLANCHE Amen.

BISCHOF Seine Heiligkeit der Papst ist entsetzt über diese kommunistische Weltanschauung, Verbrecher, die alle göttlichen und menschlichen Rechte vergewaltigen wollen.

GENERAL Massenverhaftungen, Erschießungen, Deportationen, ohne Gerichtsurteil, aber im Namen des Volkes. Man muß endlich einsehen, daß die Zahl der Schuldigen ein ordentliches Gerichtsverfahren nicht zuläßt. Politische Prozesse rufen Unruhen hervor, das zwingt die Regierung zur Ausschaltung des Rechtsweges.

MORNAI Als ich noch Innenminister war, wurde nur so verfahren, und zum erstenmal wurden Banditen nicht mehr verirrte Menschen genannt, sondern Banditen.

BLANCHE Habt Ihr Davids Artikel schon gelesen? *Sie liest aus einer Zeitung vor.* Krieg herrscht zwischen den Menschen, und da in diesem Krieg das Kapital die Waffe ist, fallen alle Nachteile auf die Armen. Wenn ihr gegen die abstrakten Zahlen des Besitzes erfolgreich sein wollt, so gibt es nur ein Mittel: den Zusammenschluß aller, die arbeiten. Denn ihr seid die größere Zahl, und ihr seid eine Zahl aus Menschen und es sind die Menschen, die zählen.

SCHNYDER *zerreißt die Zeitung* Generalstreik, was? Jeder Streik ist ein Verbrechen gegen die Gesellschaftsordnung. Ein Attentat auf die Ruhe in der Fabrik. Die Freiheit der Arbeit wird mit Füßen getreten, und warum, nur um persönlicher Vorteile willen. Das Gewerkschaftsverbot ist von uns im Interesse der Arbeiter erlassen worden. Es gibt ebensowenig ein Gewerkschaftsrecht, wie ein Recht der Erpressung, des Betruges und des Diebstahls. Arbeiter müssen am Rand des Hungers leben, da sie sonst nicht arbeiten. Nur so werden sie ihren Kindern kein schlechtes Beispiel geben.

DAVID Lasset die Kindlein zu mir kommen, denn ihrer ist das Reich der Fabrik.

SCHNYDER Was wollen Sie. Ich bin Philanthrop. Ich beschäftige tausend Kinder. Von mir aus fragen Sie sie alle, ob sie lieber in meiner Fabrikhölle bleiben wollen oder ob ich sie rausschmeißen soll, damit sie als verhungerter und erfrorener Engel in den Himmel des Bischofs kommen. Sie würden staunen, wie vernünftig die Kleinen schon sind. Die würden über Ihr sozialistisches Geschwätz nur lachen. Ich vertrete die Interessen meiner Kinder. Was Sie hingegen mit den Kleinen vorhaben, ist nur allzu bekannt. Die Kinderarbeit abschaffen. Den Schulzwang einführen. Eine schöne Menschlichkeit, die da an den Tag kommt. Auswüchse einer zügellosen Presse. Sozialistische Gleichmacherei.

DAVID Die Zivilisation wirkt Wunder, nur der zivilisierte Mensch ist wieder in den Zustand des Wilden verfallen.

SCHNYDER Sie können sagen, daß es auf dieser Welt scheußlich zugeht, die Zustände zum Himmel schreien und die Armut noch nie so groß war, aber Sie müssen mir zugeben, daß hier sehr viel Geld verdient wird.

DUNANT Dies ist ein zutiefst egoistisches Jahrhundert. Die Menschheit ist schlecht, ohne Zweifel, aber Intoleranz und Heuchelei sollten sie nicht noch schlechter machen, als sie in Wirklichkeit ist. Der Geist der Solidarität ist ein Mittel, um sowohl Klassen als auch Nationen einander näherzubringen, um auch in Friedenszeiten zu lernen, Unglückliche mit Augen zu sehen und mit Händen anzufassen, wie man es bisher nicht kannte. Solidarität bedeutet, den Ruf nach Menschlichkeit zu erheben, indem man die Glücklichen auf den endlosen Schrei des Leidens aufmerksam macht, der sich am Boden der Gesellschaft erhebt, an der Spitze aber im Taumel des Vergnügens überhört wird.

SCHNYDER Das ist kein Puff hier. Das ist ein Anarchistenclub.

BLANCHE Halt jetzt endlich deine blöde Klappe, sonst hänge ich dir mal was an.

Schnyder geht wütend ab. Bischof und General folgen ihm. Die anderen Gäste sind bereits während der Szene abgegangen. Dunant, Blanche, Mornai und David sind allein auf der Bühne.

Jedesmal das Theater mit diesem Affen da. Wenn er das nächstemal kommt, häng ich eine rote Fahne heraus, daß ihn gleich der Schlag trifft, dieser Sozialist.

DAVID Kapitalist.

BLANCHE Ach ist mir doch egal.

MORNAI Da stehen wir, die stolzen Söhne der Jetztzeit, und der Champagner wird warm. Monsieur Dunant, auf Ihr Rotes Kreuz. *Er trinkt das Glas aus.*

DAVID Wenn ich nicht irre, braucht Monsieur Dunant Protektion in einer geschäftlichen Angelegenheit.

MORNAI Besuchen Sie mich, am besten noch heute nacht. Ich arbeite mit Offenbach an einer Operette.

Er geht ab. David setzt sich auf die linke Seitentreppe und schreibt. Blanche legt sich auf ein Sofa. Es wird langsam dunkel.

BLANCHE Na, mein kleiner Schweizer, alles ein wenig verwirrend, nicht wahr?

DUNANT Ich werde nie verstanden.

BLANCHE Setz dich zu mir. Das ist alles ganz einfach. Wer das Geld hat, kauft sich sein Vergnügen, und wer es nicht hat, verkauft sich zum Vergnügen der anderen. Früher habe ich für einen Tagelohn von sechzig Centimes Kleider genäht. Heute bin ich ein Vergnügen. Das ist nur eine Preisfrage. Mein Körper ist mein Kapital, und er bringt eine schöne Dividende. Wer sich mit mir zeigt, hat Kredit, denn jeder

weiß, ich koste Geld. Wer mich besitzt und einen Rennstall, der kann jedes Geschäft machen. Ich lebe in einer Villa voller Marmor, Seide und Gold. Ich besitze über zweihundert Kleider. Die Sohlen meiner Schuhe sind mit Diamanten besetzt, siehst du? Und für die Liebe nehm ich Eisenbahnaktien. *Ein Notizbuch in der Hand.*
Hier, die Liste meiner armen Liebhaber. Pilotell, seiner Haare wegen. Hervé, seines Talentes wegen. Milher, weil er Junggeselle ist. Jaime, weil er so ehrlich ist. Und so weiter und so fort, weil sie mich darum gebeten haben.

DUNANT Wie viele insgesamt?

BLANCHE Weiß nicht. Das zählt man nicht. Soll ich eintragen, Dunant, weil er ein Herz hat?

DAVID Wenn Sie bei Mornai noch etwas erreichen wollen, sollten Sie jetzt gehen.

DUNANT *steht auf* Entschuldigen Sie mich. *Er geht ab.*

BLANCHE *zu David* Spielverderber.

DAVID Oh Blanche, Ihr Anblick berührt wie der Duft von Heliotrop, ihre Stirn hat die Farbe der Lilien, die Wangen die der Rosen, der Blumen der Leidenschaft. Die kindlichen Augen funkeln wie diamantener Morgentau, der sinnliche Mund gleicht einer jener indischen Blumen, welche die Tränen des Himmels in ihrem Kelch auffangen, aus dem dann sämtliche Götter ihren Durst stillen. Eine Fleur de Noblesse.

BLANCHE Na komm, Worte sind auch etwas wert.

DAVID Worte sind Worte, mein Schatz, aber die Provision des Herrn Dunant ist eine Zahl.
Er geht ab. Eine Zofe tritt auf.

BLANCHE *legt ihren Schmuck ab und gibt ihn der Zofe.* Weck mich morgen nachmittag um zwei. Du kannst mir eine Schokolade ans Bett bringen und ein Glas Madeira. Um drei Friseur, Maniküre, Schneiderin. Um fünf bitte meinen Wagen. Pünktlich. Ich fahre in den Bois und später in irgendein Theater, oder ich speise bei Voisin oder im Café Anglais. Je nachdem wer das Vergnügen hat.
Sie geht mit ihrer Zofe ab.

21 Politik

Dunant und David kommen von links. Mornai, im seidenen Schlafrock, kommt von rechts. Ein Diener klappt vor dem Vorbau einen chinesischen Paravant auf und bleibt daneben stehen. Hinter der Bühne sucht Offenbach auf dem Klavier eine Melodie.

MORNAI Hören Sie den göttlichen Offenbach. Wissen Sie kein Thema für uns? Wir suchen eine Gaunergeschichte.

DAVID Es war einmal ein großer Finanzmann.

MORNAI Und weiter?

DAVID Das ist alles.

MORNAI Man muß nach der Position stehlen, die man in der Gesellschaft einnimmt, nicht wahr, Monsieur Dunant? Wieviel verdienen Sie an Ihrem Roten Kreuz?

DUNANT Nichts.

MORNAI Nichts?

DUNANT Ich bezahle alles selbst.

MORNAI Dann muß es ein ganz großes Geschäft sein.

DAVID Monsieur Dunant ist Schweizer.

DUNANT Franzose. Ich bin naturalisiert.

MORNAI Sagen wir Bankier, das ist neutral. Was kann ich für Sie tun?

DUNANT Monsieur, da man immer wieder den Ausspruch eines großen Denkers wiederholen könnte: die Menschen sind so weit gekommen, daß sie sich töten, ohne sich zu hassen; daß einer den anderen ausrottet, ist der höchste Ruhm und die größte von allen Künsten. Da man es so weit gebracht hat zu erklären, daß der Krieg göttlich sei, jeden Tag neue und schreckliche Vernichtungsmittel erfindet, in fast allen Staaten immer stärker aufrüstet, so kann man wohl in Europa Kriege voraussehen, die, wie es scheint, unvermeidlich sind. In einer Epoche, in der man soviel von Fortschritt und Zivilisation spricht –

MORNAI Wollen Sie mich verspotten?

DUNANT Ich? Ich spotte nie, ich kenne keinen Spott. Ich kann in allen meinen Schriften aufgebracht sein über die soziale Heuchelei dieses Jahrhunderts, seinen krassen Egoismus, seine Gehässigkeit, und es fließt aus meiner Feder empörte und beißende Ironie, aber zu spotten, dazu kann ich mich nicht entschließen, niemals.

MORNAI Ich schätze Intellektuelle, solange sie nicht mit allzu gescheiten

Ideen daherkommen. Ruhen Sie sich auf Ihren Lorbeeren aus. Sie haben erreicht, was Sie wollten, Sie sind berühmt. Genießen Sie das Leben. Was geht Sie die Menschheit an.

DUNANT Jeder Mensch, der etwas verändern will, und wenn es ihm nur um eine kleine Verbesserung geht, wird von bürokratischen Verwaltungen als gefährlich angesehen, und wer versucht, Mißstände zu bekämpfen, setzt sich unüberwindbaren Feindschaften aus. Das ist das Schicksal aller großen Initiativen, die ihr Jahrhundert überdauern. Böswillig wirft man ihnen nicht nur ihre Verwegenheit vor, sondern man verunglimpft sie auf das schändlichste.

MORNAI Ein komischer Heiliger sind Sie. Von den vielen Jahren, die ich inmitten der Repräsentanten dieses Landes zugebracht habe, bleibt mir die tiefste Gleichgültigkeit. Was die Überzeugungen betrifft, abwesend, völlig abwesend. Leute, die wenig sind, und die etwas werden wollen, und das ist alles. Ich habe nur eine Überzeugung. Ich bin wie Talleyrand von der Bestechlichkeit jedes Menschen zutiefst überzeugt. Freiheit ist ein Vorurteil, Gleichheit eine Wahnidee, und das Recht des Stärkeren ist das Recht. Luxus bringt Geld unter die Leute, und ein Schurke mit guten Manieren ist einem anständigen Kerl mit schlechten vorzuziehen. Die Welt ist ein fader Bluff. Wer sie ändern will, macht sich lächerlich. Ändern kann man nichts mehr, man kann nur noch Geld verdienen.

DAVID Monsieur Dunant ist nicht nur mit dem Roten Kreuz und der Verbesserung der Welt beschäftigt, als Präsident einer großen Aktiengesellschaft vertritt er Interessen, die nicht uninteressant sind. Es geht um ein sehr gewinnträchtiges Projekt in Algerien.

DUNANT Es handelt sich um eine Konzessionsfrage. Bei einem entsprechenden Entgegenkommen der französischen Regierung gewährleisten wir die Versorgung der französischen Kolonialtruppen in Afrika.

MORNAI Sie übernehmen die Versorgung der Truppen – doch ein Geschäft. Sie wollten mich hereinlegen.

DUNANT Als Präsident einer Aktiengesellschaft habe ich selbstverständlich die Interessen der Aktionäre zu vertreten. Als Mensch versuche ich mit allen Kräften, meinen Mitmenschen in ihrer Not zu helfen.

MORNAI Das ist aber eine gefährliche Gratwanderung. Wenn Sie da mal nicht ausrutschen. Algerien oder das Rote Kreuz? Was wollen Sie?

DUNANT Herr von Mornai, in Sachen des Roten Kreuzes wende ich mich an Sie als Vertreter einer großen Nation, der die Menschheit eine ihrer größten Parolen verdankt: Freiheit, Gleichheit, Brüderlichkeit.

MORNAI Die drei verlogensten Worte, die ich kenne.

DUNANT Bitte?

MORNAI Ich sagte, die drei verlogensten Worte, die ich kenne. Als ich Innenminister war, habe ich sie verboten und von allen öffentlichen Gebäuden entfernen lassen. Diese drei Worte bilden an sich einen ergreifenden Wahlspruch, aber da sie nur in Zeiten der Unruhe und des Bürgerkriegs aufgetaucht sind, belästigt ihre aufdringliche Inschrift nur die Passanten.

DUNANT Jetzt verspotten Sie mich.

MORNAI Ich spotte auch nie, Monsieur, wenn Sie sich das bitte merken wollen, und was sich bei mir wie Zynismus anhört, das ist lediglich die Wahrheit. Monsieur, glauben Sie mir, eine Idee kommt immer erst dann an die Macht, wenn sie vollständig korrumpiert ist. *Er ruft.* Jacques, was spielen wir dazu?

STIMME HINTER DER BÜHNE Die Marseillaise. *Er spielt sie.*

DUNANT Die Französische Revolution –

MORNAI Die Französische Revolution erhebt in einer feierlichen Erklärung das Privateigentum zum natürlichen, unveräußerlichen und geheiligten Menschenrecht. Sie erklärt die Gleichheit, Freiheit und Sicherheit des Eigentums und das Recht auf Widerstand des Eigentums und selbstverständlich auch die Brüderlichkeit des Eigentums. Die Logik dieses Systems ist wunderbar. Es unterteilt die Gesellschaft in Eigentümer und Nichteigentümer, es scheidet die Menschen in Reiche und in Habenichtse, zwei Stämme, die trotz aller Ähnlichkeit im Äußeren nichts miteinander gemein haben.

Da das Volk – in Ermangelung jedes Besitzes an Ideale glaubend – das nicht recht einsah, sahen sich die Bürger – in Ermangelung jeglicher Ideale an den Besitz glaubend – leider gezwungen, die Menschenrechte gegenüber den Menschenmassen anzuwenden. Man erließ ein Aufruhrgesetz: »Wenn die Masse sich nicht zerstreut, so hat die bewaffnete Macht Feuer zu geben.« 20. Oktober 1789! Zwei Monate nach der Erklärung der Menschenrechte. Das Eigentum ließ Feuer geben, und einige hundert Tote und Verwundete blieben liegen. Das erste Bürgerblut, von Bürgern vergossen. Der Krieg war eröffnet, und niemand täusche sich darüber, daß dieser Kampf schon vorbei ist. Die Menschenrechte siegten über den Menschen, und der Staat war von nun an das Eigentum der Eigentümer.

Für das Privateigentum ist es gleichgültig, welche Staatsform herrscht, ob eine Monarchie, eine demokratische Verfassung, ein Robespierre oder ein Napoleon. Diese Gesellschaft ist eine Gesellschaft von Eigentümern, deren einziger Zweck die Erhaltung des Eigentums ist. Der Staat eine Société anonyme, die für Ruhe und Ordnung sorgt. Die Regierung eine Art Aufsichtsrat, verantwortlich für das Blühen und Gedeihen der Wirtschaft. Das Wahlsystem eine Maschine, die wechselnde Fahnen an einem immer gleichen Mast aufzieht. Das Ganze ist das Spiegelbild einer gut funktionierenden Aktiengesellschaft. In der Fiktion herrscht das Volk, die Vollversammlung der Aktionäre, in Wirklichkeit herrscht wer? Wissen Sie es? Ich nicht. Irgendein Uhrwerk, das sich ständig selbst aufzieht. Die Menschheit hat sich doch noch ihr Perpetuum mobile erfunden. Denn diese Gesellschaft, reformiert, befreit, gleich, demokratisch, republikanisch, bürgerlich, besitzt außer schönen Worten nur eins, ihr Eigentum, und alle haben das nackte Interesse, es zu schützen und zu erhalten für die kommenden Geschlechter. Was sollten sie ihnen auch sonst vererben. Es besteht daher alle Ursache, sich jeder Änderung und jeder Kritik an der Gesellschaft zu enthalten. Andernfalls werden Ströme von Blut das Ergebnis sein. Jacques, spiel lieber etwas aus der Unterwelt.

Was Ihre algerischen Konzessionen betrifft, wird sich morgen ein Mann bei Ihnen melden, der in der Lage ist, sie ohne weiteres zu beschaffen. Sie können mit ihm vertrauensvoll über jede Summe reden. Sie verstehen, was ich meine?

DUNANT Nein.

MORNAI Dann kann ich Ihnen nicht helfen. Aber es wäre besser für Sie, Sie verstünden. Unser Kriegsminister ist ziemlich böse auf Sie und Ihr Rotes Kreuz. Sie haben da zuviel Schlamperei aufgedeckt, das läßt sich ein Kriegsminister ungern sagen. Militärs sind rachsüchtig, und Algerien steht unter Militärverwaltung. Sie können daher mit Sicherheit damit rechnen, daß die Konzession an Ihre Konkurrenz geht, wenn Sie nicht verstehen.

DUNANT Ich habe offizielle Zusagen von Napoleon.

MORNAI Wie schön für Sie. Ihr Rotes Kreuz wird Sie sicher notfalls ernähren. Gute Nacht, Monsieur Dunant. Jacques, haben wir jetzt das Thema? *Er geht ab. Der Diener folgt ihm. Das Klavierspiel verstummt.*

DAVID *zu Dunant* Idiot.

Ab. Dunant bleibt stehen.

22 Gläubigerversammlung

Monsieur Paul und einige Bürger kommen, große Kontobücher unter dem Arm, über die Haupttreppe von der Empore herab. Sie gruppieren sich auf dem Zwischenpodest, schlagen ihre Bücher auf und schauen auf Dunant herab, der vor dem Vorbau steht.

DUNANT Meine Herren, ich bin in der glücklichen Lage, Ihnen ein neues Projekt vorstellen zu können, die „Internationale Gesellschaft zur Erneuerung des Orients«. Kapital 500 bis 600 Millionen. Präsident bin ich. Der Zweck: die Neuordnung der politischen Verhältnisse in Palästina. Das Ziel: die Neubildung des jüdischen Staates. Ich habe in einer Denkschrift ein umfassendes Programm aufgestellt, um Palästina neu zu besiedeln und Handel, Industrie und Landwirtschaft zu entwickeln. Palästina soll zugunsten einer großen kolonialen Gesellschaft neutralisiert werden. Ich hatte die Ehre, bereits mit Kaiserin Eugenie über dieses Projekt zu sprechen. Es geht darum, eine große Ungerechtigkeit wiedergutzumachen, und den Juden in Palästina eine endgültige Heimstatt zu geben, in der festen Hoffnung, daß dort im friedlichen Nebeneinander mit einem jüdischen Staat auch die arabischen Reiche bestehen können.

2. BÜRGER Monsieur Dunant, ich bin zwar ein Genfer Bankier, aber die Finanzierung Afrikas und Asiens gleichzeitig ist selbst für einen Genfer Bankier etwas schwierig. Ich bin daher nicht in einer so glücklichen Lage wie Sie, zumal die Bücher, die wir hier vor uns haben, eine andere Sprache sprechen. Wenn Sie sich also auf unsere algerische Gesellschaft beschränken könnten.

DUNANT Algerien, ja, hier gab es in der Tat einige unvorhergesehene Schwierigkeiten. Der Sommer in Nordafrika war besonders heiß, eine verheerende Dürre brach aus, das Vieh ist verendet, die Mühlen standen still, das Getreidegeschäft ist zudem sehr spekulativ.

1. BÜRGER Gewinn oder Verlust?

DUNANT Ich habe versucht, durch Einnahmen aus neu errichteten Nebenbetrieben die Rentabilität zu erhöhen. Ich habe Eichenwälder gekauft, eine Stärkefabrik gebaut, mich an einer silberhaltigen Bleimine beteiligt, alles aussichtsreiche Unternehmen.

1. BÜRGER Gewinn oder Verlust?

DUNANT Nun, auch hier gibt es einige Schwierigkeiten, aber es existiert ein Plan, den ich mit einem potenten Finanzier erarbeitet habe. Alle Nebenbetriebe sollen mit den Mühlen zu einer großen Aktiengesellschaft fusioniert werden. Einem »Omnium zur Entwicklung von Industrie, Handel und Landwirtschaft in Algerien«. Kapital 45 Millionen. Generaldirektor bin ich. Ich habe dazu eine Denkschrift verfaßt, mit dem Titel: »Algerien in Vergangenheit und Zukunft«.

2. BÜRGER Die Vergangenheit ist uns bekannt, uns interessiert hier mehr die Zukunft. Wann nimmt das Unternehmen seine Arbeit auf?

DUNANT Es ist so, daß das französische Kriegsministerium seine Zustimmung zu geben hat.

1. BÜRGER Also abgelehnt.

DUNANT Es stimmt, daß das Kriegsministerium einem französischen Konkurrenzunternehmen den Vorzug gegeben hat, und die Gründung unserer Gesellschaft ist daher zur Zeit nicht möglich. Doch besteht ein Plan, unsere algerischen Betriebe mit dieser französischen Aktiengesellschaft zu verschmelzen.

2. BÜRGER Und was sagen die zu dem Plan?

DUNANT Dieser Plan ist in gewisser Weise überholt durch die Gründung einer neuen Gesellschaft, der »Compagnie algérienne«. Kapital 20 Millionen.

1. BÜRGER Deren Präsident und Generaldirektor Sie sind.

DUNANT Ich habe keinen Sitz in dieser Gesellschaft, doch ist mein Einfluß gesichert. Ziel der Gesellschaft ist, industrielle und landwirtschaftliche Unternehmen in Algerien zu erwerben und auszubeuten.

1. BÜRGER Das kommt mir bekannt vor.

2. BÜRGER Und welcher Gesellschaft gehört nun welche Gesellschaft?

DUNANT Die Gesellschaft hat die wertvollen Marmorbrüche gegen Aktien der Gesellschaft übernommen, und diese Aktien hat die Omnium übernommen.

2. BÜRGER Aber die existiert doch gar nicht.

DUNANT Noch nicht. Deshalb hat die Aktien ja dann die Crédit genevois übernommen, eine seriöse Bank, in deren Verwaltungsrat ich sitze.

1. BÜRGER Und die ist gerade pleite gegangen.

DUNANT Es sieht zur Zeit so aus.

2. BÜRGER Und wo sind die Aktien?

DUNANT Die Aktien sind da.

1. BÜRGER Aktien scheinen genug da zu sein.

DUNANT Ich bin im Moment dabei, ein neues Unternehmen zu gründen, das gleich vom ersten Jahr an 50% garantiert.

1. BÜRGER Gewinn oder Verlust? Sie haben uns schon bei diesem Unternehmen 10% Gewinn garantiert, bis jetzt haben wir garantiert Verlust, und ich wäre froh, wenn es nur 10% wären.

2. BÜRGER Monsieur Dunant, Sie haben doch Privatvermögen?

DUNANT Nicht mehr.

2. BÜRGER Wieso?

DUNANT Das Rote Kreuz hat mich mehr als fünfzigtausend gekostet, Reisen, Broschüren, Empfänge, meinen Sie, das ist alles von selbst entstanden?

1. BÜRGER Noch ein Unternehmen ohne Rendite. Sie scheinen eine Vorliebe für schlechte Geschäfte zu haben.

DUNANT Die Palästina-Gesellschaft –

1. BÜRGER Hören Sie doch endlich mit Ihren Plänen auf. Palästina und die Juden.

2. BÜRGER Monsieur Dunant, haben Sie an der Börse operiert?

DUNANT Ja. Ich wollte einen Teil der Verluste –

2. BÜRGER Sie haben natürlich eine Baisse erwischt?

DUNANT Ja.

2. BÜRGER Monsieur Dunant, wollten Sie nicht nach Amerika?

DUNANT Ja.

2. BÜRGER Darf ich fragen warum?

DUNANT *schweigt.*

1. BÜRGER Wollten Sie verschwinden?

DUNANT *schweigt.*

2. BÜRGER Monsieur, Sie mögen ein guter Mensch sein, aber das hier ist kein Wohltätigkeitsbasar, sondern eine Gläubigerversammlung. Die Zahlen in diesen Büchern –

DUNANT Zahlen. Zahlen. Ich habe Tausenden das Leben gerettet. Schreiben Sie diese Zahlen dazu. Da, in Ihre Bücher.

2. BÜRGER Als ehrbare Kaufleute und Bürger halten wir uns an Aktiva und Passiva, und Sie haben Rechnung abzulegen. Wo ist unser Geld?

DUNANT Ich weiß auch nicht. Da irgendwo in den Büchern.

1. BÜRGER Wo es sich aus schwarzen in rote Zahlen verwandelt hat.

2. BÜRGER Monsieur Dunant, ich spreche das Wort ungern aus, aber ich hoffe in Ihrem und unserem Interesse, es ist wenigstens ein betrügerischer – Bankrott.

DUNANT *schweigt.*

2. BÜRGER Dürfen wir aus Ihrem Schweigen schließen, dies hier ist ein gewissenhafter – Bankrott?

DUNANT *schweigt.*

PAUL Bankrott!

Die Herren klappen ihre Bücher zu und gehen über die Empore ab. Dunant geht nach links hinter den Vorbau ab.

23 Rotes Kreuz

Von rechts kommen 3 Damen plaudernd hinter dem Vorbau heraus. Sie sind aufgeputzt mit dem Roten Kreuz auf Armbinden, Schärpen, Häubchen, Broschen, Kleidern. Eine der Damen zieht am Vorbau wie eine Gardine eine Rotkreuzfahne auseinander. Sie nehmen vor der Fahne Platz und zupfen Scharpie auf Rotkreuztüchern, die sie auf ihrem Schoß ausbreiten.

1. BÜRGERIN Dunant?

2. BÜRGERIN Unser Dunant?

3. BÜRGERIN Unser Dunant! Hier, hören Sie. *Sie liest* »Es schien wirklich so, als ob in dieser Schlacht jedermann sich so schlage, als sei seine eigene Ehre verpfändet und als müsse er den Sieg zu seiner ganz persönlichen Angelegenheit machen.«

1. BÜRGERIN Aber das ist doch eindeutig Defätismus.

2. BÜRGERIN Und dann gibt er sich als Samariter aus.

3. BÜRGERIN In einer Zeitung soll er sogar gefordert haben, das Rote Kreuz müsse Verletzungen des Völkerrechtes öffentlich verurteilen. Es sei die Pflicht des Genfer Komitees, die volle Wahrheit zu ergründen, im Guten oder im Bösen auszusprechen, Tatsachen richtigzustellen und so verabscheuungswürdige Vorkommnisse wie die Bombardierung einer Stadt zu brandmarken.

1. BÜRGERIN Das Rote Kreuz hat sich jeder Einmischung in die Politik zu enthalten. Nur die Leiden der Menschheit zählen.

2. BÜRGERIN Auf diesen Dunant sollte man gehörig aufpassen.

3. BÜRGERIN Das Rote Kreuz hat man ihm schon aus der Hand genommen.

3. BÜRGERIN Man sagt ja, er hätte nie etwas damit zu tun gehabt. Es wäre gar nicht seine Idee.

2. BÜRGERIN Ich habe gehört, das Buch über Solferino soll er gar nicht geschrieben haben.

1. BÜRGERIN Ist er überhaupt in Solferino gewesen?

2. BÜRGERIN Er hat wohl auch Bankrott gemacht.

3. BÜRGERIN Ein Genfer Gericht hat ihn jedenfalls verurteilt.

2. BÜRGERIN Was macht er jetzt?

3. BÜRGERIN Genf sagt, er sei tot.

WÜRDIGER HERR *tritt auf, mit einem Helm in der Hand und einer Phantasie-Uniform über dem Arm.* Na, die Damen bei der Soirée de Charpie? Recht so. Recht so. Man wird es brauchen. Spannungen zwischen Preußen und Frankreich, Frankreich und Österreich, Österreich und Preußen. Spannungen in Italien und auf dem Balkan. Wohin man sieht, Spannungen. Und der Zar öffnet sein wachsames Auge, und die Briten schlafen auch nicht. Wohl dem, der Soldaten hat. *Er hat die Uniformjacke angezogen und den Helm aufgesetzt.* Na, die Damen?

3. BÜRGERIN Das ist ein Anblick.

WÜRDIGER HERR Sitzt das Ehrenkleid?

2. BÜRGERIN Tadellos.

WÜRDIGER HERR Tadellos. Tadellos. Das will ich meinen.

1. BÜRGERIN Wußten Sie das mit diesem Dunant?

WÜRDIGER HERR Ich habe so einiges gehört. Ein Wirrkopf. Ein Bankrotteur. Ein Anarchist. Das ist doch alles Unfug, was dieser Mann da von sich gibt. So was schreibt einer doch nur, um aufzufallen, sich hervorzutun, berühmt zu werden. Das kennt man doch. Er hält sich für einen Helden, weil er angeblich in Solferino war und wegen dieses Buches da. Friedensapostel! Wahre Humanität besteht in der Förderung der kriegerischen Kraft, der sichersten Garantie für die Entwicklung der Menschheit. Man muß diesen Friedensaposteln entgegentreten. Ihre Ideen müssen gebrandmarkt werden als ungesunde und schwächliche Utopie. Man muß die Notwendigkeit und den Segen des Krieges einsehen, denn der lebendige Gott wird den Krieg erhalten als eine furchtbare Arznei für das Menschengeschlecht. *Der Würdige Herr und die Damen bleiben auf der Bühne.*

24 Weltausstellung

Auf der Empore und auf allen Treppen die Gesellschaft, aufgebaut wie ein Chor. Die Maschinen unter der Empore werden wie Ausstellungsstücke angeleuchtet. Von links wird die große Kanone von Krupp hereingefahren, von rechts die Büste Dunants, mit Lorbeerkranz und Rotkreuz-Fahne.

MORNAI *auf dem Zwischenpodest* Weltausstellung! Der Mensch als Ebenbild Gottes nähert sich seiner größten Vollendung. Diese leuchtende Manifestation seiner Kraft und seines Genies ist Zeugnis der großen und heiligen Mission, die er in der Welt erfüllt, ein treues Bild unseres geistigen und moralischen Zustandes.

Großer Preis der großen Weltausstellung: die große Kanone von Krupp!

Beifall. Dunant drängt sich in einem Wutanfall durch die Gesellschaft nach vorne und will seine Büste und den Lorbeerkranz herabreißen. Er wird abgedrängt und verschwindet wieder.

MORNAI Was war da?

GENERAL Ein unbedeutender Zwischenfall. Ein Ruhestörer.

MORNAI Was wollte der Mann?

GENERAL Er verlangt die Entfernung der Büste Dunants.

MORNAI Dunant?

BISCHOF Sah fast aus wie Dunant.

MORNAI Dunant ist tot.

CHOR Wir danken Herrn Franklin für den Blitzableiter
Wir danken Herrn Cort für das Stahlwalzwerk
Wir danken Herrn Watt für die Dampfmaschine
Wir danken Herrn Crompton für die Spinnmaschine
Wir danken Herrn Cartwright für die Webmaschine
Wir danken Herrn Whitney für die Baumwollmaschine
Wir danken Herrn Arkwright für die Fabrik
Wir danken Herrn Whitney für die Serienfabrikation
Wir danken Herrn Scheller für den Füllfederhalter
Wir danken Herrn Bramah für das Sicherheitsschloß
Wir danken Herrn Montgolfier für den Luftballon
Wir danken Herrn Leblanc für das künstliche Soda
Wir danken Herrn Murdock für die Gasbeleuchtung
Wir danken Herrn Parker für den Zement

Wir danken Herrn Senefelder für die Lithographie
Wir danken Herrn Jenner für die Pockenschutzimpfung
Wir danken Herrn Rumford für die Rumfordsuppe
Wir danken Herrn Volta für die Voltasche Säule
Wir danken Herrn Koenig für die Schnelldruckpresse
Wir danken Herrn Fulton für die Dampfschiffahrt
Wir danken Herrn Davy für die Sicherheitslampe
Wir danken Herrn Brockhaus für das Konversationslexikon
Wir danken Herrn Brandes für die Wetterkarte
Wir danken Herrn Ampère für das Ampère
Wir danken Herrn Döbereiner für das Feuerzeug
Wir danken Herrn MacAdam für die Makadamstraße
Wir danken Herrn Hancock für das Kunstleder
Wir danken Herrn Faraday für das Benzol
Wir danken Herrn Unverdorben für das Anilin
Wir danken Herrn Ohm für das Ohmsche Gesetz
Wir danken Herrn Wöhler für das Aluminium
Wir danken Herrn Dreyse für das Zündnadelgewehr
Wir danken Herrn Stephenson für die Dampflokomotive
Wir danken Herrn Baedeker für den Baedeker
Wir danken Herrn Soubeiran für das Chloroform
Wir danken Herrn Pixii für den Stromerzeuger
Wir danken Herrn Faraday für die Elektrolyse
Wir danken Herrn Berzelius für die Katalyse
Wir danken Herrn McCormick für die Mähmaschine
Wir danken Herrn Jacobi für den Elektromotor
Wir danken Herrn Gabelsberger für die Stenographie
Wir danken Herrn Steinheil für die elektrische Uhr
Wir danken Herrn Whitworth für die Standardschraube
Wir danken Herrn Colt für den Revolver
Wir danken Herrn Morse für den Telegraph
Wir danken Herrn Daguerre für die Photographie
Wir danken Herrn Goodyear für die Vulkanisierung
Wir danken Herrn Nasmyth für den Dampfhammer
Wir danken Herrn Doppler für das Dopplerprinzip
Wir danken Herrn Liebig für den Kunstdünger
Wir danken Herrn Cook für die Gesellschaftsreise
Wir danken Herrn Schönbein für die Schießbaumwolle

Wir danken Herrn Sobrero für das Nitroglyzerin
Wir danken Herrn Singer für die Nähmaschine
Wir danken Herrn Morton für die Äthernarkose
Wir danken Herrn Horsely für die Weihnachtskarte
Wir danken Herrn Francis für die Radialturbine
Wir danken Herrn Bauer für das Unterseeboot
Wir danken Herrn Liebig für den Fleischextrakt
Wir danken Herrn Böttger für die Sicherheitszündhölzer
Wir danken Herrn Hancock für die Blinddarmoperation
Wir danken Who's who für Who's who
Wir danken Herrn Michaux für das Tretfahrrad
Wir danken Herrn Goebel für die Glühbirne
Wir danken Herrn Bessemer für die Bessemerbirne
Wir danken Herrn Bunsen für den Bunsenbrenner
Wir danken Herrn Litfaß für die Litfaßsäule
Wir danken Herrn Schreber für den Schrebergarten
Wir danken Herrn Pullman für den Pullmanwagen
Wir danken Herrn Dücker für die Drahtseilbahn
Wir danken Herrn Riggenbach für die Zahnradbahn
Wir danken Herrn Plücker für die Kathodenstrahlen
Wir danken Herrn Kirchhoff für die Spektralanalyse
Wir danken Herrn Reis für das Telephon
Wir danken Herrn Solvay für das Solvayverfahren
Wir danken Siemens Martin für den Siemens-Martin-Stahl
Wir danken Herrn Clark für das Rohrpostsystem
Wir danken Herrn Walton für das Linoleum
Wir danken Herrn Clayton für die Dreschmaschine
Wir danken Herrn Fowler für die Untergrundbahn
Wir danken Herrn Whitehead für das Torpedo
Wir danken Herrn Siemens für den Dynamo
Wir danken Herrn Otto für den Verbrennungsmotor
Wir danken Herrn Nobel für das Dynamit
Wir danken Herrn Monier für den Stahlbeton
Wir danken Herrn Remington für die Schreibmaschine
Wir danken Herrn Brehm für das Tierleben
Wir danken Herrn Liebreich für das Schlafmittel
Wir danken Herrn Lesseps für den Suezkanal
Wir danken Herrn Hyatt für das Zelluloid

Wir danken Herrn Reclam für die Reclambibliothek
Wir danken Herrn Westinghouse für die Luftdruckbremse
Wir danken Herrn Glidden für den Stacheldraht
Wir danken Herrn Napoleon für die Margarine
Wir danken Herrn Schliemann für Troja
Wir danken Herrn Rockefeller für den Trust
Wir danken Herrn Marcus für den Benzinkraftwagen
Wir danken Herrn Edison für den Phonograph
Der Vorhang geht während der letzten Sätze langsam zu.

PAUSE

25 Wiedersehen

Unter der Empore ist es dunkel. Die Maschinen stehen still. Vor dem Vorbau liegt auf einer Bank ein Clochard, mit Zeitungen zugedeckt. Es ist Dunant. Eine in Lumpen gehüllte Frau kommt und setzt sich auf die Bank. Es ist Blanche.

BLANCHE He, du Penner, rück mal was, los.

DUNANT *kommt langsam hoch, faltet sorgfältig die Zeitung zusammen und starrt Blanche dabei an.*

BLANCHE Was guckstes so blöd?

DUNANT Kennen wir uns nicht?

BLANCHE Möglich. Gesichter merk ich mir nicht.

DUNANT Aber ja, auf Ihrem großen Ball. Ich hatte die Ehre, Ihnen vorgestellt zu werden.

BLANCHE He?

DUNANT *steht auf, verbeugt sich und überreicht eine Visitenkarte.*

BLANCHE *liest* Jean Henry Dunant. Gründer des Roten Kreuzes. Förderer der Genfer Konvention.

DUNANT Darf ich? *Er nimmt die Visitenkarte wieder an sich und steckt sie ein.* Ich hab nur noch die eine. *Er setzt sich wieder.*

BLANCHE Dunant?

DUNANT Pst, nicht so laut.

BLANCHE Der kleine Schweizer.

DUNANT Ja, der.

BLANCHE He, und du hast mich wiedererkannt?

DUNANT Madame haben sich kaum verändert.

BLANCHE Kaum?

DUNANT Bis auf das Äußere. Sie trugen damals ein anderes Kleid. Nun, ich trage auch nicht mehr den gleichen Anzug.

BLANCHE Und was machst du hier?

DUNANT Ich hab hier geschlafen.

BLANCHE Hier im Park?

DUNANT Der Wartesaal im Bahnhof war schon voll.

BLANCHE Ich denk, du bist so ein hohes Tier.

DUNANT Und ich dachte, Ihnen gehört inzwischen die Eisenbahn.

BLANCHE Die Zeit für Eisenbahnaktien ist bei mir vorbei. Ich kann mich höchstens noch ans Bahnhofspissoir stellen.

DUNANT Eine allgemeine Baisse.

BLANCHE Warst du nicht Bankier?

DUNANT Ja.

BLANCHE Und jetzt?

DUNANT Es ist eine offene Gesellschaft. Besonders nach unten.

BLANCHE Hast du was zu essen?

DUNANT *lacht nur.*

BLANCHE Geld?

DUNANT *lacht nur.*

BLANCHE Das ist wenig.

DUNANT Ja. Haben Sie etwas von Ihrem Vermögen retten können?

BLANCHE Es ist seltsamerweise wieder bei denen, die es mir seinerzeit nachwarfen.

DUNANT Ja, das ist ein eigenartiger Mechanismus. Mein Konto hatte den Saldo auch auf der falschen Seite. Das macht aus einem Bürger gleich einen Bettler. Ich führte niemals Buch für mich. Das war mein Fehler.

BLANCHE Da haben wir den gleichen Charakterfehler.

DUNANT Darf man nach Ihrem wunderbaren Palast fragen?

BLANCHE Der wurde von den Gerichtsvollziehern geplündert. Es war ein herrliches Schauspiel, einmalig. Die vornehmsten Damen von Paris ersteigerten zu wahnwitzigen Preisen die Dinge, die ihre Männer mir geschenkt hatten. Man verkaufte meine Möbel, meinen Schmuck, meine Dessous, meine Schminke, meine Perücken, mein Bett, es wurde überhaupt alles verkauft. Es war toll. Nur mich nahm keiner. Ich war schon verkauft. Mir ist es gleich. Ich bin wieder da, wo ich angefangen habe.

DUNANT Ich habe leider nicht den Vorzug, von unten zu kommen. Ich kannte diese Welt nur so, wie sie ausschaut, wenn man von oben auf sie herabsieht. Die Lehrzeit der Armut! Ein schweres Studium. Nun habe ich das Elend kennengelernt, von dem ich in meiner Jugend so viele malerische Schilderungen von Romanschriftstellern gelesen hatte, Schilderungen, welche ich damals als Ausgeburten der Phantasie betrachtete. Ich gehöre zu denen, die auf der Straße, in kleinen Bissen, ein Stück Brot verzehren, die ihre Kleider mit Tinte schwärzen und ihren Hemdkragen mit Kreide weißen, die einen abgetragenen Hut mit Papier füttern und deren Schuhe das Wasser durchlassen, die in der Garküche nichts mehr auf Borg bekommen und denen man abends bei der Heimkehr den Zimmerschlüssel verweigert, weil sie ihre Miete nicht bezahlen können. Ein grauenhafter Teufelskreis, aus dem man nicht herauskommt, aus dem man nicht herauskommen kann.

BLANCHE Und deine Samariter, dein Rotes Kreuz, hilft dir da keiner?

DUNANT Name und Wirken Dunants sind vergessen, als hätte er beides in den Wind geschrieben. Das hat man geschrieben. In einer Genfer Zeitung stand sogar, ich sei längst gestorben. Aber ich lebe. Das Leben eines Toten.

BLANCHE Vielleicht glauben sie wirklich, du bist tot.

DUNANT Sie überwachen meine Post, sie überwachen meinen Aufenthaltsort, sie überwachen jeden meiner Schritte, sie machen sich sehr viel Arbeit für einen Toten, sie geben sogar Geld für ihn aus.

BLANCHE Aber du hast doch Freunde, du kennst doch all diese großen Persönlichkeiten, du bist berühmt, deinen Namen kennt man in ganz Europa.

DUNANT Leider, es wäre für mich besser, er wäre unbekannt. Überall hat man Nachrichten und Briefe und Gerüchte. Habe ich irgendwo Arbeit gefunden, erfährt es Genf sofort, und aus ist es, nun, was braucht ein Toter auch zum Leben.

BLANCHE Kannst du nicht zu deiner Familie nach Genf?

DUNANT Mit einer halben Million Schulden geht man nicht durch Genf, so viel Anstand hat man.

BLANCHE Eine halbe Million?

DUNANT Es wäre mein größter Wunsch, alles zurückzuzahlen, jeden Centime, aber wie? Ich habe Vorträge in der Provinz gehalten, bis man sich über meinen äußeren Zustand beklagte. Über meinen inneren Zustand hat sich keiner beklagt. Die hatten da Gottweißwas für einen Heiligen erwartet, der über den Wassern der Güte schwebt, ich hatte nur ein Glas Wasser im Bauch, um meinen Hunger zu betäuben. Ich gebe ja zu, ich seh schon aus wie ein sozialistischer Emigrant. Mens sana in corpore sano. In einer radikalen Kleidung haust auch leicht ein radikaler Geist. Sauberkeit ist so eine Sache, da hilft eine gute Erziehung gar nichts. Der Schmutz am Körper geht davon nicht weg. Bei jeder höflichen Verbeugung reißt die Wäsche. Wenn es regnet, verwandelt sich das Papier in meinen Schuhen in einen klebrigen Brei, und die Tinte tropft aus meinem Anzug, und ich seh aus wie tätowiert. Ich habe versucht Geschichten zu schreiben für Zeitungen und für Romanschriftsteller, die Stoff aus dem Leben brauchen. Aber die wollen immer nur etwas über Liebe und edle Herzen und Tugend und

Glück, und das alles aus dem Leben, das ist sehr schwer. Ein Industrieller wollte meine Schulden bezahlen. Er hat mit Napoleon darüber gesprochen. Er wollte sogar eine Geldsammlung für mich veranstalten. Als er auf der Weltausstellung zum drittenmal im Pavillon des Roten Kreuzes erschien, um nach mir zu fragen, sagte man zu ihm: lassen sie ihn doch auf seinen Lorbeeren sterben.

Ein Priester geht vorbei. Dunant wirft ihm seinen Hut vor die Füße.

Ein Wohltäter bittet um eine milde Gabe.

Der Priester geht eilig weiter. Dunant hebt den Hut wieder auf.

Herr, werfen Sie Ihren Rock in die Brennesseln.

BLANCHE Wohltätigkeit ist aller Laster Anfang. In Paris gibt es jetzt ein großes Warenhaus, es nennt sich Die Samariterin.

DUNANT Für ein Kaufhaus ist das noch eine Möglichkeit.

BLANCHE Du weißt also auch nicht, wo man eine kleine Anleihe machen kann?

DUNANT Der Kapitalmarkt ist zur Zeit sehr ausgetrocknet, Gnädigste, und ohne Staatsgarantie.

BLANCHE Und wo man ein Ding drehen könnte, weißt du auch nicht?

DUNANT Das ist mir zuviel Staatsgarantie. – Still hier, im ganzen Park kein Vogel. Im vorigen Monat hat ab und zu noch einer gezwitschert. Jetzt sind sie alle verspeist. Fünf Francs verlangen sie für das Pfund Katzen- oder Hundefleisch. Ratten kosten zwei Francs das Stück, fünfzig Centimes mehr als vor acht Tagen.

BLANCHE Stell dir vor, so eine fette Kloakenratte, da läuft einem das Wasser im Mund zusammen.

DUNANT Sie geben eine ausgezeichnete Pastete ab.

BLANCHE Auf dem Rattenmarkt haben sie große Käfige voller Ratten. Du brauchst nur zu wählen, der Verkäufer läßt die Ratte heraus, eine Bulldogge schnappt sie, bricht ihr das Rückgrat und apportiert. Ein Genuß. Eine Delikatesse.

DUNANT Wer es sich leisten kann.

BLANCHE Vielleicht kriegen wir beim Roten Kreuz eine warme Suppe. Wenn du deine Visitenkarte zeigst –

DUNANT – fliegen wir gleich wieder raus.

BLANCHE Dann sagen wir eben, du bist gegen das Rote Kreuz, dann wollen sie dich überzeugen.

DUNANT Mit einem Prospekt.

BLANCHE Der verdaut sich schlecht. Du hättest General werden sollen oder Priester.

DUNANT Dazu ist es zu spät. So ein Fehltritt wird einem nie verziehen. *Im Hintergrund ein dumpfes Grollen.*

Haben Sie gehört? Die Deutschen beschießen Paris. Mit der großen Kanone von Krupp, dem großen Preis der großen Weltausstellung. *Beide lachen.* Victor Hugo schrieb im Katalog, daß man sich eines Tages über das Ansehen wundern wird, das Geschosse genießen, und man nur mit Mühe einen Armeeführer von einem Schlächter unterscheiden wird.

BLANCHE Hör endlich auf mit deinen Kriegsreden.

DUNANT Keine Angst. Der einzige Kampf, den ich noch kämpfe, gilt dem Ungeziefer. Ich habe es mir wenigstens fest vorgenommen, ob ich es durchhalte, weiß ich nicht.

Ein Nationalgardist geht vorbei.

BLANCHE He, Nationalgarde, hast du noch deine Brotration? *Der Nationalgardist winkt, und Blanche geht mit ihm ab.*

Salut, Schweizer, machs gut.

DUNANT Salut. *Er holt einen schweren Koffer unter der Bank hervor und geht ab.*

26 Kriegskunst

Auf der Empore eine Gruppe deutscher Offiziere mit einem Museumsführer. Verwundete Soldaten werden von Sanitätern auf Tragbahren über die Bühne getragen.

FÜHRER Monsieur Offizier, voilà, hier das Galerie des Batailles. Hier das alles Schlachterbilder von der ersten Napoleon.

1. OFFIZIER Wo denn?

FÜHRER Hinter der Holzkasten. Wegen die Krieg. Wertvolle Schlachterbilder. Hinter der Holz, Waterloo. Schönes Bild.

1. OFFIZIER Ja. Wenn man was sähe. Was ist denn da unten los?

2. OFFIZIER Der Kronprinz läßt den Spiegelsaal räumen für die Kaiserkrönung.

3. OFFIZIER Für die Verwundeten ist es viel zu kalt in diesen Sälen.

1. OFFIZIER Versailles ist ja nicht als Lazarett gebaut worden.

3. OFFIZIER Man könnte heizen.

1. OFFIZIER Wenn wir heizen, könnten die Bilder Schaden nehmen.

3. OFFIZIER Bei einem Volltreffer hätten sie auch Schaden genommen.

1. OFFIZIER Das ist was anderes, das war im Krieg. Jetzt ist der Krieg vorbei.

FÜHRER Hinter der Holz, grand massacre. Alles tot. Mit Napoleon. Schöne Uniform.

2. OFFIZIER Mit euren Napoleons ist es jetzt auch vorbei.

VERWUNDETER *schreit* Mein Bein! Mein Bein! Ich will mein Bein wiederhaben! Ich will mein Bein wiederhaben!

1. OFFIZIER *ruft* Feldprediger! Beruhigen Sie den Mann.

Der Feldprediger kommt herbeigerannt und spricht auf den Verwundeten ein, der über die Bühne getragen wird.

FELDPREDIGER Lieber Kamerad, wer weiß, was dieses scheinbare Unglück dir im Leben erspart. Gott kann dich aus tausend lieblichen Gedanken um deine heilen Glieder gebracht haben. Aber er bringt dich auch als Krüppel durchs Leben. Wenn du eine neue Existenz suchen mußt, der da oben, der dein Lebensgebäude eingerissen hat, der hilft es dir auch wiederaufbauen. Mit Wunden und Schmerzen hält der fromme Soldat sein feierliches Hochamt. Die Kanonen tönen dumpf wie Glocken, die Kugeln singen den Meßgesang, und in dem Augenblick, als du deine Wunde empfingst, war die Wandlung. Da legtest du dich als blutiges Opfer auf den Altar, und Gott hat es angenommen für das Heil des Vaterlandes.

Beide ab.

FÜHRER Großes Bild von erste Napoleon als General auf eine Pferd. Groß.

2. OFFIZIER Bei Spichern brüllte der olle Alvensleben: Was liegen die Kerle da herum. Die Kerle sollen angreifen. – Dabei waren die Kerle schon alle tot.

1. OFFIZIER Der greift auch noch mit Toten an.

3. OFFIZIER Der Angriff war vollkommen sinnlos. Moltke war schön verbiestert. Die ganze Strategie hin.

1. OFFIZIER Mein Schmerz ist nur, daß wir die Blüte unserer jugendlichen Volkskraft gegen das verlorene Gesindel und die Proletarier aus den Vorstädten von Paris einsetzen mußten. Überhaupt, was ist das da für ein Schlamassel in Paris. Paris, he?

FÜHRER Paris Commune?

1. OFFIZIER Paris Commune? Etwas anderes hört man nicht.

3. OFFIZIER Die französische Regierung scheint mit ihren Untertanen nicht richtig fertig zu werden.

2. OFFIZIER Wenn man da nicht aufpaßt. Das breitet sich aus wie eine Seuche.

3. OFFIZIER Man hat schon einige Bayern aufgegriffen, die mit einer französischen Patrouille in einer Kneipe soffen.

1. OFFIZIER Wir sind ein preußisches Regiment.

3. OFFIZIER Deutsche und französische Posten haben Zeitungen ausgetauscht.

2. OFFIZIER Exzellenz von Bismarck hat recht: man sollte alle Dörfer, in denen Verrat vorkommt, sofort anzünden und alle männlichen Einwohner hängen. Und in den Gegenden, wo man auf unsere Züge schießt, sollte man ein paar Quadratmeilen Einwohner ausheben, nach Deutschland transportieren und dort unter Aufsicht ansiedeln.

FÜHRER Dieser Holz. Moskau vor Napoleon.

1. OFFIZIER Da mach schon mal Platz: Für Kaiser Wilhelm im Spiegelsaal von Versailles. Ein Glück, daß wir uns im Waffenstillstand den Zugang zum Louvre ausbedungen haben. Ich hab hier noch kein einziges Gemälde gesehen. Da ist man mal in Versailles und sieht überhaupt nichts von der französischen Kunst.

FÜHRER Kunst gut, Kunst schön. Frankreich.

1. OFFIZIER Wir auch große Kunst. Deutschland.

FÜHRER Krieg. Schlachterbilder.

Alle ab.

27 Bistro

Sascha, Pépère, Jeannot und einige andere Arbeiter kommen von links, Weingläser in der Hand. Sie bleiben an der linken Treppe stehen, trinken ihren Wein und unterhalten sich. Am Geländer der Treppe sind 2 Plakate angeschlagen.

PÉPÈRE Also Frankreich hat den Krieg verloren, und Deutschland hat den Krieg gewonnen.

SASCHA Ja.

PÉPÈRE Das heißt, der Napoleon ist als Kaiser abgesetzt und sitzt jetzt in einem Schloß zu Kassel, statt in seinem Schloß zu Paris.

SASCHA Ja.

PÉPÈRE Dafür haben die Deutschen ihren Wilhelm von seinem Schloß zu Berlin in das Schloß zu Versailles gebracht und ihn als Kaiser eingesetzt.

SASCHA Ja.

PÉPÈRE Ist das so richtig? Ich meine, man will ja nichts Falsches sagen.

SASCHA Ja, stimmt.

JEANNOT Da wohnen sie in den schönsten Schlössern und ziehen egaleweg nur um. Warum bleiben sie nicht da wohnen, wo sie wohnen. Ich zieh auch nicht von Paris nach Potsdam, wenn ich arbeitslos bin.

SASCHA Tapetenwechsel, Luftveränderung, muß ja auch mal sein. Und Kassel ist sicher eine schöne Stadt und Versailles ist auch sehenswert.

JEANNOT Nichts gegen Napoleon. Er war zum Schluß sehr gütig. Er hat dem Volk noch rasch erlaubt und gestattet, wieder die Marseillaise zu singen. *Er singt.* Tata Tatatata. Da seht ihr. Freiheit. Früher wär man schon verhaftet gewesen.

PÉPÈRE Wenn ich nochmal auf das Thema von vorhin – es interessiert mich nämlich persönlich – wer regiert denn nun?

JEANNOT Also, wie ich gehört hab, gibt es da eine provisorische Zwischenregierung, die aber provisorisch und zwischendurch abgelöst worden ist durch eine provisorische Zwischenregierung, und die soll aber demnächst endgültig eine provisorische Zwischenregierung bilden.

PÉPÈRE Und wer ist das?

SASCHA Ein paar Herren, die es auf sich genommen haben.

PÉPÈRE Und wo sitzen die?

SASCHA In Versailles.

PÉPÈRE Hätt ich mir auch denken können.

SASCHA Alle wollen immer nur das Beste, koste es, was es wolle.

PÉPÈRE Und das kostet.

JEANNOT Und dazu die deutsche Armee, hat ja schließlich auch Spesen gehabt, mußte auch reisen, dazu Reiseproviant und Feuerwerk und die große Kanone, ist ja auch kein billiges Spielzeug, da muß man schon ordentlich betucht sein, um sich eine Salve leisten zu können, umsonst ist das nicht. Und jetzt stehen sie vor Paris, und uns steht eine größere Rechnung ins Haus.

SASCHA 5 Milliarden Goldfrancs und Elsaß-Lothringen. Der Bismarck hat es ausgerechnet.

PÉPÈRE Wer zahlt?
SASCHA Die Überlebenden.
PÉPÈRE Tote werden nicht angerechnet?
SASCHA Die können ja nicht mehr zahlen. Das ist wie beim Kartenspiel, mitmischen darf jeder, bezahlen muß der Verlierer.
JEANNOT Ich hab mit Bismarck nicht Karten gespielt.
SASCHA Aber Napoleon.
JEANNOT Dann soll er sich an den halten.
SASCHA Das hat er auch getan, aber dabei hat sich herausgestellt, daß der Napoleon außer Frankreich gar nichts besitzt. Ohne Frankreich wär das ein ganz armer Hund.
PÉPÈRE Und da spielt der so einfach auf anderer Leute Kosten?
SASCHA Er hat eben geblufft.
JEANNOT Wenn ich in meiner Stammkneipe spiel und hab kein Geld in der Tasche und verlier, kann ich auch nicht sagen, die Stadt Paris zahlt.
SASCHA In den besseren Kreisen hat man sich das so angewöhnt.
JEANNOT Was gehen mich die Angewohnheiten fremder Leute an. Die laden mich sonst auch nicht ein. Der, der da sein Spiel verloren hat, soll auch bezahlen. Der hat schließlich die Schuld.
SASCHA Also wer schuld hat und wer nicht, dazu dürfen wir uns nicht äußern, das ist nicht unsere Aufgabe, das darf nur die Wissenschaft. Die wird das Problem in den nächsten zwei- bis dreihundert Jahren bedenken.
JEANNOT Dann werd ich das wohl nicht mehr erleben.
SASCHA Es braucht eben alles seine Zeit.
PÉPÈRE Wenn das so ist, lass' ich mit mir reden. Da man im allgemeinen erst nach einem Schuldspruch zahlen muß, schlag ich vor, wir warten mit dem Bezahlen auch so lang, bis das endgültige Urteil vorliegt.
SASCHA Da das Konto der Regierenden ziemlich überzogen ist, hat man beim Volk Vorauszahlung eingeführt, sicherheitshalber. Der Schuldspruch kommt dann später, automatisch. Denn wer bezahlt, ist am Ende auch schuldig. Das vereinfacht die Prozedur.
PÉPÈRE Also muß ich zahlen.
SASCHA Immer.
PÉPÈRE Wird das dann wenigstens meinen Nachkommen angerechnet? Ich meine, Vermögen wird ja auch vererbt, da kann man unsere Vorauszahlungen ja auch anrechnen, unsere Toten, unseren Hunger, unsere Arbeit, unsere Steuern, falls sich das Volk mal wieder was zu-

schulden kommen läßt, eine Fensterscheibe einschmeißt oder ein Schloß ruiniert, da hat es dann wenigstens etwas zugute.

JEANNOT Dann mach mal dein Testament.

PÉPÈRE An und für sich keine schlechte Idee. Wie würden die Herren in Versailles es aufnehmen?

JEANNOT Ungnädig. *Er zeigt auf ein Plakat.* Die haben da ihre eigenen Ansichten über das Volksvermögen.

PÉPÈRE Dann laß mal hören.

JEANNOT *zu Sascha* Lies du vor, meine Augen.

SASCHA Was hast du an den Augen?

JEANNOT Alte Angewohnheit, es ist verboten Radikales und Konspiratives zu lesen. Zufälliges Zuhören, wenn einer zufällig laut liest, ist nicht verboten.

PÉPÈRE Das ist doch von der Regierung.

JEANNOT Kann man wissen, ob es nicht radikal ist oder konspirativ.

SASCHA *liest vom Plakat ab* Einwohner von Paris! Wir wenden uns an euch, an eure Vernunft und eure Vaterlandsliebe –

JEANNOT Kennen wir, kennen wir, überschlagen.

SASCHA Seit einiger Zeit haben sich übelgesinnte Menschen –

JEANNOT Kennen wir auch, nächster Teil.

SASCHA Diese Menschen, die euch schon soviel Böses getan –

JEANNOT Dasselbe, weiter.

SASCHA Die Regierung hat den irregeführten Menschen –

JEANNOT Nächster Absatz.

SASCHA Der Handel ist unterbrochen, Aufträge werden zurückgehalten, eure Hände sind untätig, der Kredit lebt nicht auf, das Kapital kommt nicht herein. In eurem Interesse –

JEANNOT Das kennen wir.

PÉPÈRE Und was will diese Regierung tun?

SASCHA Einwohner von Paris, nachdem diese Bekanntmachung erlassen ist, werdet ihr es billigen, wenn wir zur Gewalt greifen. Denn die Ordnung, die Grundlage eures Wohlergehens, muß um jeden Preis wiederhergestellt werden, vollkommen, unmittelbar, unabänderlich.

JEANNOT Das muß man der Regierung lassen. Ihre Meinung ist wie immer klar und einleuchtend.

SASCHA Und so neu.

JEANNOT Schreib: Auf Ihre Offerte vom siebzehnten antwortend, teile ich Ihnen als Volk von Paris mit, daß wir es nicht billigen, wenn eine

Regierung zur Gewalt greift, daß Ihre Ordnung nicht die Grundlage unseres Wohlergehens ist, daß uns der Wiederherstellungspreis daher zu hoch ist, und das vollkommen, unmittelbar, unabänderlich.

PÉPÈRE Und was schlagen die übelgesinnten, irregeführten, böswilligen Menschen vor, die uns so viel Böses tun?

SASCHA Sie schlagen freie Wahlen vor.

PÉPÈRE Und wen soll man da wählen?

SASCHA *liest vom anderen Plakat ab* Bürger! Vergeßt nicht, daß die Männer euch die besten Dienste leisten werden, die ihr aus eurer Mitte wählt, die euer Leben teilen und eure Leiden, denn selten ist der Bevorzugte geneigt, den Arbeiter als seinen Bruder anzusehen. Sucht nach Menschen mit ehrlichen Überzeugungen, nach Männern aus dem Volke mit gerader Gesinnung und anerkannter Rechtschaffenheit. Gebt denen den Vorzug, die nicht um eure Stimme werben. Wir sind überzeugt, daß ihr auf diese Weise die wahre Volksvertretung feierlich einsetzen werdet und Vertreter findet, die sich niemals als eure Herren betrachten.

PÉPÈRE Ja. Dann wollen wir mal wählen.

Alle ab.

28 Armenasyl

Dunant – mit seinem Koffer – und einige Bettler kommen von rechts, jeder trägt vorsichtig einen Blechnapf. Dunant setzt sich mit einem Bettler auf die rechte Treppe, die anderen hocken sich auf den Boden und schlürfen die Suppe aus ihren Blechnäpfen.

BETTLER Du bist ein Arsch. Du bettelst falsch, ein totaler Anfänger bist du, keine Ahnung. Betteln tut man bei den Armen. Nur Arme geben was. Wenn einer nichts hat, weiß er, wie das ist, deswegen gibt er. Wer hat, der will behalten. Betteln darf man nur im Armenviertel. In einem Villenviertel holen sie nur die Polizei.

DUNANT Ich hab Magenschmerzen.

BETTLER Von der Suppe?

DUNANT Ich hab das oft. Der Magen krampft sich zusammen, das Herz klopft, der Kopf schmerzt, die Augen tränen, und die Gegenstände verschwimmen wie in einem Nebel. Und immer diese Halluzinationen. Solferino.

BETTLER Solferino? Was ist damit?

DUNANT Nichts. Gehen wir?

BETTLER Nun laß einen doch in Ruhe essen.

DUNANT Ich muß noch Post abholen.

BETTLER Müssen wir etwa wieder zu diesem vornehmen Haus da latschen?

DUNANT *schweigt.*

BETTLER Jeder Mensch läßt sich seine Post dahin schicken, wo er wohnt. Deswegen hat man die Post ja überhaupt erfunden. Aber du mußt da so eine vornehme Adresse haben, Prachtbau, ein Schloß.

DUNANT Das ist nicht vornehm. Es ist der Sitz einer wissenschaftlichen Gesellschaft.

BETTLER Und warum läßt du deine Post dahin gehen?

DUNANT Weil keiner wissen darf, daß ich –

BETTLER Was darf keiner wissen?

DUNANT Nichts.

BETTLER Nichts, natürlich, nichts, das kennt man ja inzwischen. Rennt sich die Hacken nach Post ab mit nichts, schreibt die ganze Nacht Briefe mit nichts, du bist vielleicht ein Arsch. Du machst zuviel. Deswegen fällst du auch andauernd um. Betteln ist schon anstrengend genug. Deine Schreiberei, die ganze Nacht sitzt du da, nachts schläft man, wenn man tagsüber bettelt. Was schreibst du denn da ewig? Bettelbriefe?

DUNANT Ich schreibe an Zeitungen und an bekannte Persönlichkeiten. Für ein Hilfswerk.

BETTLER Für Bettler?

DUNANT Ich habe eine Organisation ins Leben gerufen. Ein Hilfswerk für die Soldaten.

BETTLER So was wie das Rote Kreuz?

DUNANT So ähnlich. Das ist viel Arbeit. Wir haben da ein großes Komitee.

BETTLER Und für die schreibst du die Briefe?

DUNANT Einer muß es ja machen. Es ist sehr wichtig. Wir wollen Verbandspäckchen an die Soldaten verteilen. Eine Leinenbandage, ein viereckiges Wachstuch und eine mit Chlor getränkte Gaze, die Blutungen stoppt. Alles in einem kleinen Karton, der auf beiden Seiten offen ist. Der Verwundete kann sich dann selbst oder einen Kameraden auf leichte Art verbinden.

BETTLER Gute Idee.

DUNANT Wir lassen auch runde Pergamentschilder anfertigen, die um den Hals der Soldaten gehängt werden, um die Identifizierung der Toten zu erleichtern. Auf diese Pergamentschilder werden Name, Vorname und Geburtsort eingetragen und die Nummer des Regiments.

BETTLER Damit man jeden herauskennt.

DUNANT Ja. Und wenn die freiwilligen Helfer auf dem Schlachtfeld die Namen der Leichen aufschreiben, können sie gleichzeitig feststellen, ob der Soldat auch wirklich tot ist, dadurch vermeidet man eine überstürzte Beerdigung.

BETTLER Gute Idee.

DUNANT Ich komme schon wieder hoch. Es ist nur eine Frage der Zeit. Ich werde mit einem Kompagnon das desinfizierte Verbandszeug herstellen und in großen Mengen an die Armee liefern. Das Geschäft ist seriös und sehr aussichtsreich. Wir hoffen auf enorme Bestellungen. Die mit Chlor getränkte Scharpie verhindert nämlich die Entzündung der Wunden. Wenn der Krieg zu Ende ist, werde ich groß im Scharpie-Geschäft stecken, ohne daß man weiß, daß ich daran beteiligt bin.

BETTLER Also das Komitee verteilt die Verbandspäckchen, und du lieferst sie.

DUNANT Es ist eben ein Geschäft, und die Geschäfte, das ist eben so.

BETTLER Ich versteh nichts von Geschäften. Kannst du bei denen nicht mal eine Einladung zum Essen herausschlagen?

DUNANT Das kann man nicht machen. Das sind alles reiche Leute. Was sollen die denken. Mein Magen ist so ein richtiges Essen auch nicht mehr gewöhnt. Aber das ist nur eine Übergangszeit für mich. Das wird schon wieder. Es ist eine gute Zeit für Geschäfte.

BETTLER Und warum darf nie einer wissen, daß du dahintersteckst?

DUNANT Weil ich doch der Gründer des –

BETTLER Gründer? Was denn fürn Gründer?

DUNANT Nichts.

BETTLER Weißt du was? Gar nichts hast du gegründet. Du spinnst.

DUNANT Ich habe Briefe von Kaisern und Königen, von Fürsten und Herzögen, Ministern und Feldherren, Kardinälen und Wissenschaftlern aus einigen dutzend Ländern, von Preußen den Kronenorden, von Portugal den Christusorden, von Frankreich das Kommandeurkreuz der Ehrenlegion, von Württemberg, Bayern, Sachsen, Baden, Italien die höchsten Orden. Eine Berliner Zeitung schrieb: Noch nie ist ein Zivilist so mit Ehren überhäuft worden wie Herr Dunant.

BETTLER Hast du das Zeug noch?

DUNANT Natürlich.

BETTLER Mensch, dann leg das doch an. Da gehst du als Kriegsveteran.

DUNANT Ich bin kein Kriegsveteran. *Er nimmt seinen Koffer und geht wütend ab.*

BETTLER Das ist ein Arsch.

Alle ab.

29 Commune

Aus dem Dunkel unter der Empore kommen nach und nach Arbeiter. Sie bilden mit dem Rücken zum Publikum einen großen Halbkreis. Ein Arbeiter ersteigt langsam mit einer roten Fahne die Haupttreppe bis zum Zwischenpodest und steckt die Fahne dort auf. Unter der Empore wird es hell. Der Arbeiter steigt die Treppe wieder herab. Der Halbkreis löst sich langsam auf, und die Arbeiter gehen an ihre Maschinen, die von ihnen in Betrieb genommen werden. Das Ganze geschieht schweigend und sehr ruhig.

30 Küche

Dunant, im Hemd, eine Zeitung in der Hand, setzt sich auf die linke Treppe. Louise näht seinen Rock.

DUNANT Die alten Gewohnheiten. Der Griff zur Uhr, die längst im Pfandhaus ist. Der Blick in den Spiegel, obwohl man ungekämmt und unrasiert ist. Das Elend, das im schwarzen Anzug daherkommt, ist schrecklich. Die quälende Angst, weder Wäsche noch passende Kleidung zu besitzen, um bei angesehenen Leuten eine Anstellung oder eine Protektion zu erlangen. In vornehmen Häusern kann die Dienerschaft einem die Tür vor der Nase zuschlagen, wenn sie findet, mit der Toilette sei etwas nicht in Ordnung, die Armut sei zu augenfällig. Es wäre tausendmal besser, Kleider aus grobem Wollstoff zu tragen, vom Morgen bis zum Abend auf dem Felde zu arbeiten, und sich nur von Brot, Früchten und Mehlspeisen zu ernähren an irgendeinem abgelegenen Ort, als ein solches Leben zu führen. Aber es ist meine Pflicht, alle nur denkbaren Anstrengungen zu unternehmen, um mich wieder aufzufangen. Dabei weiß ich nicht einmal, bei wem man sich in einer so großen Stadt wie Paris einen Franc leihen könnte. *Er liest in der Zeitung.* Die deutschen Generäle bekommen für ihren Sieg 12 Millionen Mark. Die deutschen Kriegsinvaliden und Hinterbliebenen jährlich fast 200 Mark.

LOUISE Wo sie doch auch gesiegt haben. Der Krieg wird sehr unterschiedlich bezahlt. Tote sind uns teuer, Lebende schon billiger, Verletzte fast umsonst. Sie haben den falschen Verein aufgemacht.

DUNANT *liest aus der Zeitung vor* Der deutsche Kronprinz berichtet: Als ich über das Schlachtfeld ritt, sah ich Verwundete, die, so gut es ihre zerschossenen Glieder und ihre Schmerzen es ihnen gestatteten, mir zuwinkten oder zu grüßen versuchten. Selbst in dem brechenden Auge des Gefallenen sprach sich das Glück aus, gesiegt zu haben.

LOUISE Da sehen Sie, wie man das beschreiben muß. Dann hätten Sie jetzt auch den Dank.

DUNANT König Wilhelm sagte damals: Nun, Herr Dunant, sind Sie zufrieden mit mir? Ich habe jetzt Ihr Werk zur praktischen Ausführung gebracht.

LOUISE Wie hat er denn das gemeint?

DUNANT *liest wieder in der Zeitung.*

LOUISE Gibt es Neuigkeiten?

DUNANT Man regt sich noch immer über die zwei Generäle auf, die in Montmartre erschossen wurden.

LOUISE Regt man sich auch über die Soldaten und Zivilisten auf, die von diesen Generälen in Montmartre erschossen wurden? Es werden immer nur die Generäle gezählt. Soldaten anscheinend nur bataillonsweise.

DUNANT Die Regierung wollte die Kanonen von Montmartre –

LOUISE Das Geld für diese Kanonen haben wir gespendet, und die Herren, die immer vom Eigentum reden, sollten eigentlich wissen, eine von uns bezahlte Kanone ist unser Eigentum. Wenn sich dann bei Nacht ein General mit Truppen in die Stadt schleicht, um uns unser Eigentum wegzunehmen, ist das Diebstahl, und wenn er auch noch die Posten erschießt, ist das Raubmord. Wir haben uns vor unsere Kanonen gestellt. Da hat der General dreimal befohlen in die Menge zu schießen, und als seine Soldaten sich weigerten, verhaftete er sie. Darauf verhafteten sie ihn, holten ihn vom Pferd und stellten ihn an die Wand. Statt Frauen und Kinder zu erschießen, erschossen sie ihren General. Wer hat ihnen das Schießen beigebracht? Der General. Wer hat Feuer kommandiert? Der General. Und wer ist erschossen worden? Der General. Ja, das ist natürlich Pech. So was kommt von so was. *Sie lacht* Da war so ein Stabsoffizier, der fiel vom Pferd in dem Gedränge und während er davonlief, hatten wir das Pferd schon in hundert Stücke geschnitten. Eine gute Mahlzeit war das. Fleisch.

Sie gibt ihm seinen Rock. Er zieht ihn an. Jeannot, Pépère und Sascha kommen von links. Dunant holt aus seinem Koffer einige Orden und legt sie an.

JEANNOT Es war ein Fest. Es war ein Fest. Es war ein Fest. Zweihunderttausend Menschen auf dem Platz vor dem Rathaus. Es war unvorstellbar. Die Namen der Gewählten wurden verlesen. Die Musikkapellen spielten. Die Kanonen donnerten Salut. Die Marseillaise wurde gesungen. Die roten Fahnen wehten. Die Commune ist gegründet. Es war ein Fest. *Zu Dunant* Seit vierzig Jahren habe ich keine Revolution verpaßt. Das ist die dritte. 1830 und 1848 war ich auch dabei.

PÉPÈRE Bei den Verlierern warst du dabei.

JEANNOT Das macht nichts. Wir hatten recht, oder?

PÉPÈRE Aber gesiegt haben die anderen.

JEANNOT Mit Gewalt. Mit Gewalt kann jeder siegen, mit Soldaten und Artillerie. Aber so geht das heute nicht mehr. Wir leben im 19. Jahrhundert, in Paris, in der Hauptstadt der Zivilisation.

SASCHA Wie die Bürger sagen.

JEANNOT Die Bürger haben einen großen Fehler gemacht. Sie haben vergessen, zweierlei Alphabete einzuführen. Nun ist es zu spät. Jetzt kann jeder, der lesen kann, die Wahrheit lesen. Und deshalb sind sie gezwungen zu lügen. Und das halten sie nicht durch. Niemand hält das durch. Das Wort ist eine Waffe. Aber man muß ihm Nachdruck verleihen. Wir haben achtundvierzig die Drucktypen zu Kugeln für die Gewehre umgegossen. Buchstabe für Buchstabe haben wir ihnen unsere Forderungen ans Herz gelegt. Es war sehr wirkungsvoll.

PÉPÈRE Und hat die Gefängnisse gefüllt.

JEANNOT Das Gefängnis ist nicht das Schlechteste für einen freien Mann. Man hat alle seine Freunde um sich, man kann endlich einmal frei reden und in Ruhe nachdenken. Ich hab im Gefängnis mehr Genossen kennengelernt als auf den Parteiversammlungen. Im Gefängnis waren alle beisammen, und jeder hatte Zeit, und man konnte sich in Ruhe aussprechen. Ich werde das der Regierung nie vergessen. Man muß auch dankbar sein. Obwohl es diesmal schwieriger wird. Diese Schweine haben ganz Paris umgebaut. Überall diese breiten Boulevards. Wie soll man da Barrikaden bauen.

PÉPÈRE Du mit deinen Barrikaden.

JEANNOT Eine Revolution ohne Barrikaden ist keine Revolution.

SASCHA Welche Revolution?

JEANNOT He?

SASCHA Welche Revolution? Es war eine Wahl. Paris hat gewählt, und es gibt ein Parlament, in dem auch Bürgerliche sitzen.

JEANNOT Aber die Mehrheit haben wir?

SASCHA Wir sind ja auch die Mehrheit.

JEANNOT Stimmt auch wieder. Es ist eigentlich ganz einfach. Man kommt nur nicht darauf. Man ist es eben anders gewöhnt.

SASCHA Dann wollen wir uns das mal abgewöhnen.

JEANNOT Und wer die Mehrheit hat, der regiert auch?

SASCHA Demokratie.

LOUISE Die Welt geht unter.

JEANNOT Jetzt, wo die Gerechtigkeit siegt?

LOUISE Das ist es ja. Seit wann siegt die Gerechtigkeit in der Welt.

JEANNOT Das Volk verlangt, daß die Devise Gleichheit, Freiheit, Brüderlichkeit nicht nur eine im Portal unseres Rathauses eingemeißelte Lüge ist! Sie sagen ja gar nichts, Herr Dunant. Sie sind doch auch von der Internationale.

DUNANT Vom Internationalen Komitee des Roten Kreuzes.

JEANNOT Das macht nichts. International ist international, rot ist rot und ein Komitee haben wir auch. Sie gehören zu uns. Da müssen Sie sich gar nicht schämen.

SASCHA Was schreibt die Presse?

DUNANT In Versailles ist man empört. Man sagt, daß diese Abgeordneten alle ganz unbekannt wären. Namenlose.

LOUISE Daß die in Versailles sie nicht kennen, kann ich mir vorstellen. Wir kennen sie, sonst hätten wir sie ja nicht gewählt. Die Namen der früheren Herrschaften sind uns dagegen nur zu gut bekannt.

JEANNOT Wir brauchen Leute wie die vom Komitee der Nationalgarde. *Er zitiert aus dem Gedächtnis* Hier ist das Mandat, das ihr uns anvertraut habt. Wo unser persönliches Interesse beginnt, endet unsere Pflicht. Wir, unbekannt noch vor wenigen Tagen, werden unbekannt in eure Reihen zurückkehren und den Herrschern zeigen, daß man auch aufrechten Hauptes die Stufen eures Rathauses herabsteigen kann.

PÉPÈRE Man erzählt, daß die Deutschen die Kriegsgefangenen entlassen. Nach Versailles. Und daß die in Versailles dabei sind, eine neue Armee aufzustellen.

SASCHA Wir hätten nach Versailles marschieren sollen, statt dessen haben wir Wahlen angesetzt.

PÉPÈRE Die Wahlen waren wichtig.

SASCHA Wahlen sind ganz schön, aber wozu? Um den anderen zu beweisen, daß wir die Mehrheit sind? Das haben wir vorher gewußt und die auch, und die werden sich einen Dreck drum kümmern, und unsere Wahlen nützen uns da gar nichts.

PÉPÈRE Jeder kennt jetzt die Meinung des Volkes.

SASCHA Die hat noch nie einen interessiert, ob mit oder ohne Wahl. Nach Versailles hätten wir marschieren sollen und diese ganze sogenannte Regierung da hoppnehmen.

PÉPÈRE Damit es heißt, wir hätten einen Bürgerkrieg angefangen.

LOUISE Der hat schon angefangen. Bürgerkrieg ist nicht erst, wenns knallt. Der hat angefangen, als sie unsere Kanonen nehmen wollten, wozu brauchten sie die wohl, zum Putzen? Und wozu brauchen sie eine neue Armee, zum Fliegenfangen?

JEANNOT Was hab ich gesagt, Barrikaden.

PÉPÉRE Ich muß zur Arbeit.

Er geht ab. Dunant folgt ihm.

SASCHA Unter uns, 1830 und 1848 war auch schon 19. Jahrhundert.

JEANNOT Na wenn schon.

Alle ab.

31 Vortrag

Vor dem Vorbau der Haupttreppe haben einige Bürgerinnen und Bürger Platz genommen. Dunant tritt auf, ein Manuskript in der Hand, und stellt sich an ein Vortragspult. Höflicher Beifall.

3. BÜRGER Meine Damen und Herren, ich begrüße sehr herzlich Herrn Dunant, der heute abend in unserer Kulturvereinigung über den Frieden spricht.

Während Dunant spricht, gehen nach und nach alle Bürger ab.

DUNANT Meine Damen, meine Herren, man muß die falsche Internationalität mit Hilfe der echten Internationalität bekämpfen. In unserer Zeit, wo alles in Frage gestellt ist, wo althergebrachte, ehrwürdige Institutionen erschüttert werden, wo die Anarchie der Geister so groß ist, daß die altersschwache Welt den Glauben an sich selbst verliert, inmitten der moralischen Verwirrung, in der sich ein Teil der Menschheit streitet, ist die pazifistische Internationalität – die Brüderlichkeit schlechthin – die einzige Möglichkeit, uns vor den Sintfluten, die uns bedrohen, zu bewahren. Man muß den Egoismus bekämpfen, der die Nationen wie die Individuen erblinden und verknöchern läßt. Man muß den materiellen Wohlstand, aber auch den intellektuellen und moralischen Zustand aller Völker heben, dann gelingt es vielleicht, die drohende Springflut des Blutes abzuwenden. Wenn etwas die doppelte Gefahr abwenden kann, die unsere Generation bedroht: Anarchie und Weltkrieg, dann ist es ein humanitäres Unternehmen dieser Art. Man kann der Anarchie nur Widerstand leisten, indem man ihr eine große internationale Partei entgegenstellt, die sich an die Spitze sozialer Verbesserungen, ja aller echten fortschrittlichen Bemühungen stellt und auf internationaler Ebene Einigkeit anstrebt. Heute kommt der Frau der Schutz der Gesellschaft zu, nicht diesen zweiundzwanzig Millionen europäischen Soldaten, deren Bajonette von Gibraltar bis zum Ural, von Palermo bis zur Ostsee glänzen. Nach dem Gemetzel wird man versuchen, die Utopie zu verwirklichen, die dann aber diesen Namen nicht mehr verdient. Weshalb dann nicht schon vorher versuchen, sie zu verwirklichen? Eine Gesellschaft von Dummköpfen hat leicht reden: Utopie! Utopie! Wir werden noch erleben, daß es ihre Schuld ist, wenn durch ihre Dummheit und Starrköpfigkeit die Anarchie kommt. Europa ist sehr krank, und es sind gerade diese sogenannten Doktoren der Moral, die ihm die vergiftete Medizin geben, die zu seinem Ende führt, und die Zivilisation wird sich dann woanders hinwenden.

3. Bürger mit Dunant ab.

32 Ministerium

Von rechts kommt der 1. Delegierte der Commune. Louise kommt ihm von links entgegen.

DELEGIERTER *ruft* He! Hallo! Hallo! Ist denn hier keiner! Hallo!

LOUISE Bürger, ich muß Euch sprechen.

DELEGIERTER Wißt Ihr hier Bescheid?

LOUISE Ich?

DELEGIERTER Hallo! Kein Mensch. Das ist kein Ministerium, das ist ein Mausoleum.

LOUISE Seid Ihr der Delegierte der Commune?

DELEGIERTER Ja.

LOUISE Ich will wissen –

DELEGIERTER Ich auch. Helft mir lieber suchen. He! Ist hier keiner!

BOHNERMEISTER Nein. *Er kommt langsam hinter dem Vorbau der Haupttreppe hervor.*

DELEGIERTER Wo sind die Beamten, die Angestellten?

BOHNERMEISTER Hier ist keiner mehr. Alle weg.

DELEGIERTER Nach Versailles, was?

BOHNERMEISTER Befehl von oben, bei Strafe der Entlassung.

DELEGIERTER Und du? Was machst du hier?

BOHNERMEISTER Ich bin der Parkettbohnerer.

DELEGIERTER Kennst du dich hier aus?

BOHNERMEISTER Ich bin seit zwanzig Jahren hier, aber überall war ich natürlich noch nicht.

DELEGIERTER Kannst du uns führen?

BOHNERMEISTER Gern. Das Palais wurde im Jahre 1694 erbaut vom Grafen de-

LOUISE Du Graf du. Jetzt erzähl uns noch was von euren vergoldeten Stuckdecken.

BOHNERMEISTER Stuck? *Er schaut nach oben.* Tatsächlich. Nach oben hab ich nie gesehn. Nur nach unten. Parkett. Wir haben da sehr schöne Intarsien. Im alten Ballsaal. Da müßt ihr aber Pantoffel anziehen.

DELEGIERTER Und wo ist das Zimmer des Ministers?

BOHNERMEISTER Was wollt ihr denn da?

LOUISE Seine Pantoffel anziehen.

BOHNERMEISTER Da darf keiner rein. Da muß man sich anmelden.

DELEGIERTER Bei wem?

BOHNERMEISTER Ja. *Er zuckt mit den Schultern.*

DELEGIERTER Und wo ist das Archiv?

BOHNERMEISTER Welches Archiv?

DELEGIERTER Welches?

BOHNERMEISTER Das vom Flügel A, römisch 1 bis 3: Kellergeschoß, Zimmer 119 bis 184. Flügel B, römisch 4 bis 6: Dachgeschoß 316 bis 343. Bis auf die ausgelagerten Teile, die sollen in einem anderen Ministerium sein.

DELEGIERTER Und was heißt Flügel A und B, römisch 1 bis 6?

BOHNERMEISTER Das weiß ich auch nicht.

DELEGIERTER Die haben Ministerien, so groß, daß man Jahre braucht, bis man da durch ist. Hier wird nicht regiert. Hier wird nicht verwaltet. Hier wird nur gesucht.

BOHNERMEISTER Das Geheimarchiv, das weiß ich. Weil ich da nie bohnern durfte.

LOUISE Und wo ist das?

BOHNERMEISTER Von hier aus ungefähr diese Richtung.

LOUISE Fangen wir doch da an.

DELEGIERTER Bürgerin, was soll uns das Geheimarchiv?

LOUISE Veröffentlichen.

DELEGIERTER Davon wird in Paris keiner satt.

LOUISE Aber klar im Kopf.

DELEGIERTER Ja, aber der Magen knurrt vorher, und das erzeugt im Kopf wenig Klarheit. Versailles versucht Paris auszuhungern, sie blockieren alles. Wir müssen die Versorgung mit Lebensmitteln sichern. Bei der Eisenbahn machen sie nur noch fiktiven Dienst. Die Züge fahren ab, aber sie kommen nicht zurück. Mehr Agenten als Eisenbahner.

LOUISE Verhaften.

DELEGIERTER Das sagt sich so. Wie? Wir sind nicht gewohnt zu verhaften, wir sind gewohnt, verhaftet zu werden. Außerdem, wir wollen doch nicht so anfangen, wie die aufgehört haben. Es gibt Wichtigeres. Ärzte und Schwestern sind auf und davon und haben die Verwundeten und Kranken in den Spitälern einfach liegenlassen, barmherzig, was? Wir haben erstmal Ärzte suchen müssen. Sogar bei der Post haben sie alles durcheinandergebracht, bevor sie abgezogen sind. Die Büros verschlossen, die Marken versteckt, das Material vernichtet, die Kassen geleert. Und doch haben wir in achtundvierzig Stunden die Briefverteilung wieder in Gang gebracht. Die Münze mußte von unseren Leuten erst wieder in Betrieb genommen werden, und sie haben sogar schon Verbesserungen eingeführt. Und dann die Steuerämter, die Nationaldruckerei, Polizeipräfektur, Finanzwesen, Wirtschaft, öffentliche Dienste, Gesundheit, Unterricht, Militär, Rechnungshof, Staatsrat, Justiz, auswärtige Angelegenheiten, und das alles mit einem Bruchteil der Leute, die sonst hier gearbeitet haben, mit Leuten, die noch keine Erfahrung haben, und den kleinsten Fehler wird man ihnen ewig vorhalten. Wir sind nicht unfehlbar. Wir geben es zu.

LOUISE Die anderen waren auch nicht unfehlbar, aber sie geben es nicht zu. Das Ergebnis ihrer Prachtleistungen ist zu besichtigen.

DELEGIERTER Jede neue Regierung, die in Frankreich an die Macht kommt, findet die Verwaltung auf ihrem Posten. Sie braucht nur ein Zeichen zu geben, und die Maschine setzt ihren Gang fort. Für uns ist das anders. Wir müssen von A bis Z alles neu einrichten, von der Aufzeichnung der Geburten bis zur Straßenreinigung. Ich kann mich nicht erinnern, in den letzten Tagen mehr als eine Stunde geschlafen zu haben. Was wolltet Ihr eigentlich, Bürgerin?

LOUISE Wie ist das mit den Mieten? Durch den Krieg haben viele Fabriken zugemacht, es gibt kaum Arbeit. Die Männer sind beim Militär oder bei der Nationalgarde. Wie sollen wir die Mieten zahlen?

DELEGIERTER Werden vorerst gestundet. Die Wechsel auch.

LOUISE Wechsel hab ich keine.

DELEGIERTER Aber die Kaufleute.

LOUISE Und die Leihhäuser wollen die Pfänder verkaufen.

DELEGIERTER Wird geregelt. Wir sind dabei. Jeder Pfandschein unter zwanzig Francs kann kostenlos eingelöst werden. Kommt alles, kommt alles. Gott schuf die Welt in sieben Tagen. Ganz schön lange, findet ihr nicht? Schließlich war er Gott und die Welt noch menschenleer, und er konnte ungestört arbeiten. Da dürfen wir wohl ein paar Tage mehr verlangen. Denn wir sind nicht Gott, und die Welt ist inzwischen bevölkert mit Menschen, die sich von Ebenbildern Gottes zu Eigentümern Gottes gemausert haben. Was bohnerst du denn noch hier herum?

BOHNERMEISTER Was soll ich sonst tun?

Louise und der 1. Delegierte der Commune ersteigen die rechte Seitentreppe und gehen ab.

33 Fabrikhof

Der 2. Delegierte der Commune kommt von links. Die Arbeiter kommen von ihren Maschinen unter der Empore.

DELEGIERTER Was fegst du hier den Hof?

BOHNERMEISTER Was soll ich denn sonst tun?

DELEGIERTER Bürger, eure neue Arbeitsordnung. Die Commune will sie drucken und aushängen, als Beispiel.

1. ARBEITER Zehnstundentag. Eine Stunde Mittagspause.

DELEGIERTER Einverstanden?

ARBEITER *alle nicken.*

DELEGIERTER Von bis?

2. ARBEITER Von 7 bis 11 Uhr vormittags und von 12 Uhr mittags bis 6 Uhr abends.

1. ARBEITER Während der Essenszeit darf keiner in den Werkstätten bleiben.

DELEGIERTER Gut. Lohn?

PÉPÈRE Wird auf Vorschlag des Meisters und des Vorarbeiters festgesetzt und ist unserem Delegierten in der Direktion vorzulegen.

DELEGIERTER Einstellung. Entlassung.

PÉPÈRE Nur auf Vorschlag des Meisters und des Vorarbeiters und muß von den Delegierten in der Direktion genehmigt werden.

2. ARBEITER Die Direktion und die von uns gewählten Delegierten haben einmal in der Woche einen Bericht über die Lage der Fabrik zu erstatten.

1. ARBEITER Und diese neue Arbeitsordnung sollen alle überwachen.

2. ARBEITER Abschaffung der Lohnabzüge. Die alte Direktion hat systematisch Geldstrafen eingeführt. Für jede Kleinigkeit wurde Lohn eingehalten.

DELEGIERTER Die Commune arbeitet an einem Gesetz: Keine Verwaltung darf den Angestellten und Arbeitern Geldstrafen oder Abzüge diktieren. Die festgesetzten Löhne müssen ausgezahlt werden.

1. ARBEITER Was ist denn mit den Fabriken, die von den Besitzern verlassen wurden? Die sind einfach geflüchtet, ohne sich um die Existenz der Arbeiter zu kümmern.

DELEGIERTER Die Commune ist dabei, eine Liste der verlassenen Fabriken aufzustellen. Wir untersuchen die Möglichkeiten für eine schnelle Wiederaufnahme der Arbeit. Durch eine cooperative Assoziation der Arbeiter. Man wird ein Schiedsgericht einsetzen, das bei der Rückkehr der Unternehmer die Bedingungen für die endgültige Übernahme der Fabriken durch die Arbeiter und die zu zahlende Entschädigung bestimmen soll.

1. ARBEITER Entschädigung? Wofür?

2. ARBEITER Dafür, daß wir die Fabriken wieder hochbringen.

1. ARBEITER Ich bin dagegen.

DELEGIERTER Wer ist für Entschädigung?

Die Mehrheit der Arbeiter hebt die Hand.

PÉPÈRE Die Commune soll sich mal bei den Aufträgen, die sie vergibt, um die Löhne kümmern, die da gezahlt werden. Ihr dürft nicht das billigste Angebot nehmen. Aufträge dürfen nur an Firmen gehen, die die Mindestlöhne einhalten. Die Frauen nähen die Uniformen oft für den halben Lohn.

DELEGIERTER Hab ich notiert. Ich kümmer mich darum. Noch was?

BOHNERMEISTER Wenn im Interesse der Commune Überstunden gemacht werden müssen, werden diese Überstunden ohne jeden Aufschlag zum normalen Lohn gemacht, auch Nachtarbeit.

DELEGIERTER Abstimmung?

PÉPÈRE Ist selbstverständlich.

DELEGIERTER Alles für heute?

PÉPÈRE Denkt bei euren Gesetzen an die Entschließung der Metallarbeiter-Gewerkschaft: die Ausbeutung des Menschen durch den Menschen abzuschaffen, die Arbeit durch solidarische Gemeinschaften und mit einem dem Kollektiv gehörenden unveräußerlichen Kapital zu organisieren.

Alle heben die Hand. Der 2. Delegierte ersteigt die linke Seitentreppe und geht ab. Die Arbeiter gehen wieder an ihre Maschinen unter der Empore, der Bohnermeister folgt ihnen.

34 Bank von Frankreich

Der Gouverneur der Bank von Frankreich kommt die Haupttreppe herab. Der 3. Delegierte der Commune erwartet ihn am Fuß der Treppe.

DELEGIERTER Bürger, ich bin der Delegierte der Commune.

GOUVERNEUR Monsieur, ich bin der Gouverneur der Bank von Frankreich.

DELEGIERTER Bürger, Sie können sich denken, warum ich hier erscheine.

GOUVERNEUR Monsieur, sagen Sie nichts, lassen Sie mich raten: Geld.

DELEGIERTER Bürger, ich freue mich, daß an der Spitze der Bank von Frankreich so viel Intelligenz herrscht.

GOUVERNEUR Monsieur, Sie überschätzen mich. Das Rätsel ist sehr einfach, hier wird nur über Geld gesprochen, da spielt man schon gerne mal die Sphinx. Was kann ich für sie tun? Eine Einzahlung? Eine Auszahlung?

DELEGIERTER Eine Auszahlung.

GOUVERNEUR Ihre Kontonummer?

DELEGIERTER Bitte?

GOUVERNEUR Sie haben doch hoffentlich ein Konto bei uns?

DELEGIERTER Ich muß Sie enttäuschen.

GOUVERNEUR Wünschen Sie, eins zu eröffnen?

DELEGIERTER Ich habe nicht die Absicht.

GOUVERNEUR Monsieur, Sie sehen die Sphinx ratlos. Der Weg in dieses Haus führt nur über ein Konto.

DELEGIERTER Die Revolution eröffnet im allgemeinen kein Konto.

GOUVERNEUR Vorher nicht, nachher schon, das ist lediglich eine Frage der Zeit.

DELEGIERTER Bürger, finden Sie Ihr Spiel nicht etwas gefährlich?

GOUVERNEUR Monsieur, daß wir uns recht verstehen. Ich habe nichts gegen eine Revolution, welcher Art auch immer. Ich habe nur etwas gegen Leute, die hier kein Konto führen.

DELEGIERTER Die Wechsel von Versailles akzeptieren Sie in jeder Höhe. Da gehen täglich Millionen hinaus.

GOUVERNEUR Die Herren haben ein Konto bei uns und sind kreditwürdig.

DELEGIERTER Wir nicht?

GOUVERNEUR Das will ich nicht sagen. Aber wir haben mit dieser Regierung einen eingespielten Geschäftsverkehr, man kennt sich, und die Herren erkennen unsere Usancen an. Sie kenne ich nicht, und ob Sie die Bank von Frankreich und ihre Spielregeln anerkennen wollen, ist mir auch noch unbekannt. Wenn Sie das tun, könnte ich mir durchaus vorstellen, daß auch wir zu ersprießlichen Geschäften kommen.

DELEGIERTER Wir haben die täglichen Bedürfnisse einer Großstadt zu befriedigen. Wir müssen jeden Morgen 675000 Francs für die öffentlichen Dienste beschaffen, 250000 Personen sind zu ernähren, die Kriegskosten zu decken, der Sold der Nationalgarde, Unterstützungen für Frauen und Kinder. 300000 Menschen ohne Arbeit warten auf die 30 Sous, von denen sie seit Monaten leben.

GOUVERNEUR Ja, das Elend ist groß.

DELEGIERTER Es ist unbedingt notwendig, die Arbeit wieder in Gang zu bringen.

GOUVERNEUR Durchaus richtig.

DELEGIERTER Aber ohne Geld ist nichts zu machen.

GOUVERNEUR Das stimmt.

DELEGIERTER Also?

GOUVERNEUR Aber Monsieur, an wen soll ich zahlen? Es existiert keine Finanzverwaltung.

DELEGIERTER In wenigen Tagen wird eine komplette Finanzverwaltung existieren.

GOUVERNEUR Das wäre neu.

DELEGIERTER Wir sind dabei, einen Finanzplan aufzustellen, der bedeutende Ersparnisse bringen wird.

GOUVERNEUR Ach Monsieur, die Finanzpläne der Regierungen.

DELEGIERTER Bürger, wir brauchen das Geld.

GOUVERNEUR Sie haben doch die städtischen Einnahmen, wenn Sie da alles zusammenkratzen.

DELEGIERTER Wir ziehen alle Einkünfte ein, auf die wir Anspruch haben. Abgaben, Steuern, Zölle, Stempelgebühren, aber es langt nicht. Die Wirtschaft ist durch den Krieg zum Erliegen gekommen.

GOUVERNEUR Natürlich, natürlich. Waren Sie schon im Finanzministerium?

DELEGIERTER Im Finanzministerium sind 4658000 Francs.

GOUVERNEUR Nun, dann haben Sie ja, was Sie brauchen.

DELEGIERTER Die Tresore sind verschlossen und versiegelt, und die Schlüssel hat man nach Versailles mitgenommen. Wir sind keine Plünderer.

GOUVERNEUR Versteh, versteh. Ja, was kann man da tun. Wenn man kein Geld hat, wo geht man dann hin, zu Rothschild. Gehen Sie doch zu Rothschild.

DELEGIERTER Da waren wir schon. Er hat uns Kredit eingeräumt. 500000 Francs.

GOUVERNEUR Rothschild hat der Commune Geld gegeben? Respekt, Respekt. Naja, die Juden.

DELEGIERTER Und wie ist es mit Ihnen, Bürger?

GOUVERNEUR Ach, wissen Sie, Monsieur, ich bin nicht Rothschild.

DELEGIERTER Ich dachte auch mehr an die Bank von Frankreich. An die 2 oder 3 oder 4 Milliarden, über die Sie in diesem Haus verfügen.

GOUVERNEUR Sie übertreiben.

DELEGIERTER 3 Milliarden?

GOUVERNEUR Sie werden nicht verlangen, daß ich mich dazu äußere.

DELEGIERTER Bankgeheimnis.

GOUVERNEUR Leider, leider.

DELEGIERTER Sie übersehen, daß wir die Macht haben.

GOUVERNEUR Macht hat für mich nur einen unbedeutenden Wert.

DELEGIERTER Bürger, die Zahlmeister der Nationalgarde stehen im Finanzministerium vor versiegelten Kassen, der Sold muß ausgezahlt werden, und die Stimmung ist eine derartige, daß, wie ich befürchte, die Bank geplündert werden wird, ich mag sagen, was ich will.

GOUVERNEUR Dann stehen Sie mir bei, die Bank zu retten, sie ist der Reichtum des Landes, das Vermögen Frankreichs, ohne sie gibt es keine Industrie und keinen Handel, wenn Sie die Bank vergewaltigen –

DELEGIERTER – besitzen wir wenigstens die Mitgift der Bank.

GOUVERNEUR Sie werden keinen großen Vorteil davon haben.

DELEGIERTER In Zeiten der Revolution muß man nachgeben.

GOUVERNEUR Und Sie wollen die Interessen der Arbeiter vertreten, Sie? Wenn die Arbeiter eine 20-Francs-Note haben und Sie gegen die Bank Gewalt anwenden, wird diese Banknote nur noch den Papierpreis wert sein, und alles ist ruiniert. Ich nehme an, daß die Commune mir als ihren Delegierten einen Mann geschickt hat, der etwas von der Sache versteht.

DELEGIERTER Ich bin Bankier.

GOUVERNEUR Dann wissen Sie, daß wir hier auf exterritorialem Boden stehen.

DELEGIERTER Wir stehen auf 3 Milliarden.

GOUVERNEUR Es geht um die Unantastbarkeit einer neutralen unverletzlichen Institution. Ein Interdikt schützt das Allerheiligste vor den Menschen. Das war schon immer so. Die Bank von Frankreich ist die nationale Buchhaltung. Hier sind die Gesetze der Welt auf ewig erfaßt und für alle Zeiten unveränderbar niedergelegt. So wie einst die Gesetzestafeln auf dem Berge Sinai oder wie heute das Urmeter im Archiv der Stadt Paris. Suchen Sie sich das Passende aus, je nachdem, ob Sie religiös sind oder Mathematiker. Aber wer versteht schon etwas von Buchhaltung.

DELEGIERTER Sie unterschätzen mich. Ich bin ein großer Verehrer der Buchhaltung. Ich persönlich bin der Überzeugung, daß die Lehre von Soll und Haben die höchste Wissenschaft ist, und ich klage die Universitäten des Unverstandes an, weil sie nicht erkannt haben, daß die Buchhaltung auf das Leben einen wohltätigeren Einfluß haben könnte als etwa die Analyse psychologischer Probleme. Aber wer versteht schon etwas von Buchhaltung.

GOUVERNEUR Das ist ein Weg, auf dem man sich verständigen könnte. Sehen wir das doch alles mit der ruhigen Reserviertheit und abgeklärten Weisheit eines guten Buchhalters. Was ist schon eine Regierung? Regierungen kommen, Regierungen gehen. Die Buchhaltung bleibt bestehen. Ob Napoleon oder die Deutschen, ein Zwischenspiel. Versailles oder die Commune, das ist alles vergänglich. Nur die Bank von Frankreich ist unvergänglich. Sie ist die Garantie des Staates und der Zivilisation und des Lebens, und wir leben vom Vertrauen in diese ewigen Gesetze. Alles Vergängliche ist nur ein Gleichnis. Das Leben nur ein Beleg für die Buchhaltung. Ob hier 2, 3, 5 Milliarden liegen, das ist ganz unwichtig, die Summe besagt nichts. Von mir aus werfen Sie alles, was die Bank besitzt, auf den Hof. Gold, Diamanten, Banknoten, werfen Sie alles auf einen Haufen. Es ist soviel wert wie vorher und doch nichts mehr wert. Denn wem gehört es? Zünden Sie auf diesem Scheiterhaufen die Buchhaltung an. Was haben Sie? Das Chaos. Milliarden, die sinnlos sind, weil man nicht weiß, wem sie gehören. Was niemandem gehört, ist sinnlos. Ordnung in diese Milliarden bringt die Buchhaltung der Bank von Frankreich. Sie regelt das Leben der Nation. Wollen Sie es vernichten?

DELEGIERTER Wir sind eine rechtmäßige und rechtschaffene Regierung, im Gegensatz zu unseren korrupten Vorgängern. Es ist uns eine Ehrenpflicht, die Bank von Frankreich zu schützen, ja, sie sogar zu unterstützen. Wir wollen sie nicht verstaatlichen.

GOUVERNEUR Das können Sie auch gar nicht, die Bank von Frankreich ist der Staat.

DELEGIERTER Um so größer die Verpflichtung für Sie, uns zu helfen. Oder wollen Sie den Staat im Stich lassen?

GOUVERNEUR Sie sind nicht der Staat.

DELEGIERTER Wir sind Paris, und die Bank von Frankreich liegt mitten in Paris, wenn Sie das endgültig bedenken wollen.

GOUVERNEUR Paris. Lassen Sie mich überlegen. Doch, das wäre eine Möglichkeit. Es ist nur eine Frage der Verbuchung. Wenn Ihre Forderungen dem Staat angerechnet werden sollen, kann ich dem Gesuch keine Folge leisten. Ihre Forderung wird nur geprüft, wenn Sie im Namen der Stadt Paris vorgetragen wird. Ich würde dann den Verwaltungsrat einberufen.

DELEGIERTER Verbuchen Sie es, wie Sie wollen.

GOUVERNEUR Sie behaupten also, die Commune ist der rechtmäßige Nachfolger der Stadt Paris, und Paris ist also identisch mit der Commune. Wie kann ich das dem Verwaltungsrat klarmachen? Ich meine, wer hat Sie eingesetzt? Woher nehmen Sie ihre Legitimation?

DELEGIERTER Unsere Legitimation sind die Wahlergebnisse.

GOUVERNEUR Wahlergebnisse sind die einzigen Zahlen, die nicht zählen. Sie rutschen zu schnell von Soll nach Haben und umgekehrt, die nimmt der Verwaltungsrat bestenfalls mit der Bürgschaft eines großen Mannes zur Kenntnis.

DELEGIERTER Nehmen Sie zur Kenntnis, Bürger Bankier, daß diese Zahlen Menschen sind, die Sie mit ihren Zahlen natürlich aushungern können, falls sich diese Menschen das gefallen lassen.

GOUVERNEUR Bleiben wir bei der Buchhaltung. Die Stadt Paris, die Sie die Commune nennen, verfügt über ein Guthaben in Höhe von 9400000 Francs, darauf könnten wir erst einmal 1 Million anweisen. Was meinen Sie?

DELEGIERTER In Anbetracht, daß es das Geld der Stadt Paris ist, unser Geld –

GOUVERNEUR – das wir pflichtgemäß mit Sorgfalt verwalten. *Er klatscht in die Hände und ruft* 1 Million Belastung Konto Stadt Paris. Zufrieden?

DELEGIERTER 1 Million ist nicht viel, Bürger. Paris ist keine Kleinstadt.

GOUVERNEUR Nehmen Sie erstmal das, Monsieur. Wir werden sehen, wie weit Ihr Sozialismus kreditwürdig ist. Sollte das nicht langen, können Sie mich jederzeit wieder aufsuchen. Eine Bank ist schließlich für ihre

Kunden da. Ihre Sorgen sind unser Vergnügen. Ich freue mich, Sie zu unserem Kundenkreis zählen zu dürfen. Die Bank hat noch jederzeit nach einem Regierungswechsel der neuen Macht zur Hilfe kommen müssen. Es steht mir nicht zu, über die Ereignisse zu urteilen. Die Bank von Frankreich treibt keine Politik. Sie sind eine tatsächlich bestehende Regierung. Die Bank übergibt Ihnen für heute 1 Million. Wollen Sie nur in Ihrer Quittung bemerken, daß diese Summe für Rechnung der Stadt Paris requiriert worden ist. Damit wir den Vorschriften genügen. Das Eigentum hat so seine eigentümlichen Gesetze, und die verpflichten.

Ein Angestellter bringt dem Gouverneur die Quittung.

Ich höre, Sie wollen die Pfandleihen abschaffen?

DELEGIERTER Ein Gerücht. Das Leihhaus abschaffen hieße das Eigentum antasten, das haben wir nie getan.

GOUVERNEUR Das hört man gern. *Er gibt ihm die Quittung.*

DELEGIERTER *während er quittiert* Ich glaube nicht, daß es klug, nützlich und ratsam wäre, in dieser Weise vorzugehen. Wir wollen das Kreditwesen beruhigen und die Geldzirkulation wieder in Gang setzen.

GOUVERNEUR Man kommt sich näher. Übrigens, wir mußten auf Befehl der Commune unsere Fahne einziehen. Wir müssen aber doch nicht unbedingt die rote Fahne aufziehen?

DELEGIERTER Die rote Fahne weht überall, sogar über der Börse.

GOUVERNEUR Ach, wissen Sie, die Börse, diese Leute wollen an allem verdienen. Sie vergleichen ein Bordell mit einer Kathedrale.

DELEGIERTER Sie haben recht, die Bank von Frankreich ist auch ohne Fahne kenntlich. *Er gibt die Quittung zurück.* Ihre Quittung. Zufrieden?

GOUVERNEUR Sehen Sie, Monsieur, ein wenig guter Wille, und unsere Beziehungen unterscheiden sich in nichts mehr von denen früherer Regierungen. Sie bekommen Ihr Geld. Zu den Bedingungen der Bank von Frankreich.

DELEGIERTER Für Versailles viel, für die Commune wenig.

GOUVERNEUR Bei einem ordnungsmäßigen Kontokorrent muß eine Seite belastet werden. Soll und Haben. Die Bank gibt. Die Bank nimmt. Vielen wenig, wenigen viel. Ich persönlich bedaure die Nachteile, schätze hingegen die Vorteile. Die Zehn Gebote waren auch nicht vollkommen, und das Urmeter ist auch nicht exakt, und bis der Menschheit etwas Besseres einfällt, glaube ich an die doppelte Buchführung. Und was die Sphinx betrifft, sie tötete jeden, der das Rätsel nicht lösen konnte.

DELEGIERTER Was die Sphinx betrifft, sie stürzte sich vom Felsen, als man das Rätsel löste.

GOUVERNEUR Glauben Sie mir, das Rätsel hat noch keiner gelöst. *Er verbeugt sich.* Monsieur.

DELEGIERTER *verbeugt sich* Bürger.

Beide gehen hinter den Vorbau der Haupttreppe ab. Der Gouverneur nach rechts, der Delegierte nach links.

35 Ausblick

Dunant, mit einem großen Stapel Manuskripte, Broschüren und Briefe unter dem Arm, geht über die Bühne.

SASCHA Ziehen Sie mal wieder um?

DUNANT Ich hab ein Zimmer in einem Hotel in Aussicht.

SASCHA Setzen wir uns doch noch. *Er nimmt zwei Stühle und stellt sie halblinks nahe der Rampe auf. Sie setzen sich. Sascha schaut in die Sonne. Dunant mit seinem Berg Papier wirkt etwas linkisch.* Ein schöner Frühling.

DUNANT Ja. Hotelzimmer, wenn die Sonne scheint, Parkbank, wenn es schneit, das muß geändert werden.

SASCHA Es müßte viel geändert werden.

DUNANT Ja. Ich denke immer, man müßte erreichen, daß auch ohne große Umwälzungen die wirtschaftliche und soziale Versklavung allmählich abgeschafft wird. Man müßte an eine Förderung der zurückgesetzten Bevölkerungskreise denken. Man müßte den Sinn für Bildung entwickeln und für die Künste, man braucht Mittel zur Ausbildung, man sollte Bibliotheken schaffen, eine Fürsorge in den Strafanstalten organisieren, den jungen Bürger unterrichten, humanisieren, alles in ihm erwecken und fördern, was seinen Charakter günstig beeinflussen kann.

SASCHA *nimmt eine Broschüre von Dunants Papierberg* »Jean Henry Dunant. Memorandum über den gegenwärtigen Stand der Behandlung der Neger.«

DUNANT Es geht darin um die vollständige Beseitigung des Sklavenhandels und um die Gleichstellung der Neger mit den Weißen.

SASCHA *nimmt eine neue Broschüre* »Jean Henry Dunant. Konvention für Kriegsgefangene.«

DUNANT Seit Solferino, wo man die Österreicher wie Viehherden davongetrieben hat, geht mir das nicht aus dem Kopf. Alle Menschen, die in Gefangenschaft geraten, Soldaten oder Zivilisten, müssen durch ein internationales Gesetz geschützt werden. Wer waffenlos ist, ist kein Feind mehr. Menschliche Behandlung ist Pflicht, Schikane und Quälerei verboten, und schließlich muß man sich bemühen, bei den Gefangenen Sympathien für das Volk zu erwecken, das sie einmal bekämpft haben.

SASCHA Wär besser, wenn sie erst gar nicht kämpfen würden.

DUNANT Deshalb ist zunächst das Wichtigste die Einsetzung eines großen internationalen Schiedsgerichts. Schau hier. *Er gibt ihm eine Broschüre.* Es ist im Interesse aller Völker. Es steht in ihrer Macht. Sie müssen es nur wollen. Die Brüderlichkeit der Völker wäre Tatsache. Jede Nation könnte in Sicherheit arbeiten für das Wohl der großen menschlichen Familie. Durch ein Übereinkommen muß festgelegt werden, daß eine ständige, von allen Ländern beschickte Kommission gebildet wird, die alljährlich zusammentritt. Besteht Kriegsgefahr, so soll sich diese Kommission zu einem Schiedsgerichtshof konstituieren und versuchen, den Konflikt friedlich beizulegen.

SASCHA Wie wollen Sie das denn alles erreichen?

DUNANT Durch die Presse. Was glaubst du, weshalb ich mir die Finger krumm schreibe. Wenn man bedenkt, wie die Presse auf Millionen Menschen Tag für Tag wirkt, kann man über eine solche Macht nur staunen. Warum sollte sie da nicht einmal die Idee des Weltfriedens aufnehmen? Das ist eine Utopie, sagen die einen, das ist eine Narrenidee, sagen die anderen. Hätte Columbus dermaßen geklügelt, dann hätte er wohl niemals den Anker gelichtet. War es doch eine Narrheit, sich in den Ozean zu stürzen, den noch niemand durchkreuzt hatte, und auf ein Land loszusteuern, dessen Existenz ganz und gar fraglich war. Und doch hat er durch diese Narrheit die neue Welt entdeckt. Das, was heute wie die größte Torheit aussieht, kann in wenigen Jahren die höchste Wahrheit sein. Warum sammeln sich nicht alle aus allen Nationen zu einem Kreuzzug der Menschlichkeit, um den Völkern zu zeigen, in welchen Abgrund von Unglück sie sich blind stürzen, indem sie bis zur Unmöglichkeit den Militarismus fördern. Man muß den Menschen schon in Friedenszeiten die Ideen der Humanität einimpfen, man muß sie überzeugen, wie unsinnig der Geist der Rache, des Hasses und der Zerstörung ist. Nur so wird man der schrecklichen Geißel Krieg Herr werden und vielleicht künftige Generationen belehren können, daß Krieg noch viel Schlimmeres bringt als nur sinnlose Zerrüttung des Daseins. Egoismus, Unwissenheit und Vorurteile abzulegen, ist eine neue Form des Protestes gegen den Völkerhaß, ein größerer und edlerer Patriotismus. Gewiß, es ist vollkommen klar, daß Leute, die nicht über ihre eigene Nasenspitze sehen, diese Projekte als hochtrabend bezeichnen. Aber das Rote Kreuz ist keine Gesellschaft der Phantasie, das Rote Kreuz ist eine Tatsache, die man vor einem halben Jahrhundert als Utopie verschrien hätte.

SASCHA Utopie, das ist sowieso immer nur das, was den anderen nicht in den Kram paßt. Was sie nicht haben wollen, ist Utopie. Was sie nicht zahlen wollen, ist Utopie. Was andere denken, ist Utopie.

DUNANT Davon darf man sich überhaupt nicht beeindrucken lassen. Ich bin jetzt gerade bei der Gründung einer Weltbibliothek. *Er gibt ihm eine Broschüre.* Da lies.

SASCHA So eine Art Weltausstellung?

DUNANT Ja, aber eine wahre Weltausstellung, eine Weltausstellung des Geistes. Diese Weltbibliothek soll alle Meisterwerke umfassen, die der menschliche Geist in der Literatur, der Geschichte, der Philosophie, in allen Wissenschaften und Künsten geschaffen hat. Sie wird in den wichtigsten Sprachen erscheinen. Indem wir die Arbeit eines jeden Volkes am gemeinsamen Werk der Zivilisation aufzeigen, zerstören wir die alten Vorurteile, die die Völker so lange einander entfremdet haben, vermehren wir die Sympathie zwischen den Nationen, schaffen wir mit der Zeit eine glücklichere und dauerhaftere Herrschaft von Recht und Frieden zwischen den Menschen.

SASCHA Und wer macht das?

DUNANT Mit der Gründung eines solchen Unternehmens müssen sich hervorragende Gelehrte beschäftigen. An der Spitze werden Mitglieder der fünf Akademien des Institut de France stehen, ihnen zur Seite eine Reihe von Komitees in allen Staaten Europas.

SASCHA Und wann ist es soweit?

DUNANT Ich habe bereits das Programm im Namen des Gründungsausschusses entworfen und unterzeichnet.

SASCHA Wer ist im Gründungsausschuß?

DUNANT Er wird sich demnächst konstituieren. Wir werden die moralische Unterstützung vieler Persönlichkeiten haben.

SASCHA Welche Persönlichkeiten?

DUNANT Sie sind noch nicht alle informiert, aber das wird, eine Frage der Zeit. Wir sind da ganz optimistisch.

SASCHA Wer wir?

DUNANT Ich habe einen Partner, wir arbeiten zusammen.

SASCHA Dieser Italiener, der sich immer Geld bei Ihnen pumpt?

DUNANT Er ist leider genauso arm wie ich, aber er hat mir auch schon Geld geliehen. Wer gerade etwas hat, der hilft dem anderen.

SASCHA Und wer ist noch dabei?

DUNANT Zwei Polen.

SASCHA Haben die Geld?

DUNANT Nein, die haben überhaupt nichts.

SASCHA Wann kann man das erste Buch kaufen?

DUNANT *zuckt mit den Schultern.*

SASCHA Ich würde auch gern schöne Bücher drucken, den Text fein abgesetzt, sauber, mit viel Platz, eine schöne Schrift, gutes Papier, weiß und glatt, daß man, wenn man mit den Fingerspitzen darüberfährt, nur ganz leicht den Druck spürt, dazu Illustrationen und schön eingebunden in Leinen oder Leder, fest geheftet, daß es leicht aufblättert mit so einem Knistern. Nicht zu schwer, nicht zu leicht, daß man etwas in der Hand hat, ein Buch. Jetzt drucke ich jeden Tag Plakate. »Die Commune. Gesetz Numero sowieso. In Erwägung, daß die Kaisersäule auf dem Vendômeplatz ein Monument der Barbarei ist, ein Symbol brutaler Gewalt und falschen Ruhms, ein Bekenntnis zum Militarismus, eine Verneinung des Völkerrechts, eine ständige Beleidigung der Besiegten durch die Sieger und einen dauernden Anschlag auf eines der drei großen Prinzipien der französischen Republik, auf die Brüderlichkeit, darstellt, verfügt die Pariser Commune: Die Säule auf dem Vendômeplatz wird abgerissen.« Courbet wollte es unbedingt. Es war sein Wunschtraum.

DUNANT Ich kenne ihn. Ich war bei ihm. »– laßt uns eure Kruppkanonen da, wir werden sie zusammen mit unseren einschmelzen, die letzte Kanone aber – mit in den Himmel gerichteter Mündung, obenauf die Phrygische Mütze – stellen wir auf ein Piedestal von drei Kugeln. Sie wird die Säule eures und unseres Volkes sein, die Säule Deutschlands und Frankreichs. Und die Göttin unserer Freiheit wird dieses Denkmal mit Girlanden von Wein und Hopfenblüten schmücken.« *Beide lachen.*

DUNANT Die Künstler.

SASCHA Die Künstler. *Beide gehen ab.*

36 Bürgerclub

Auf der linken Seite der Bühne und auf der Seitentreppe versammeln sich Arbeiter zu einer Diskussion. Auf der rechten Seite der Empore einige bekannte Bürger, Zeitung lesend, auf und ab gehend, ungeduldig wartend.

Bürgerclub links

CLUBVORSITZER Bürger, ich begrüße euch im Club Molière! Bürger, folgt unserem Beispiel! Eröffnet Clubs der Commune in allen Kirchen. Die Priester mögen dort tagsüber die Messe lesen, abends wird sich das Volk dort versammeln, um seine Angelegenheiten zu diskutieren. *Zum 1. Delegierten* Bürger, fangt an.

1. DELEGIERTER DER COMMUNE Laßt uns die Situation schildern, wie sie ist. Die Regierung von Versailles hat den Bürgerkrieg begonnen, sie hat unsere Vorposten erschossen, sie massakriert unsere Gefangenen und bedroht Paris mit Hunger und Belagerung. Wir verlieren kein Wort über die Unterbrechung des Verkehrs, über die Beschlagnahme der Lebensmittel und der Gemeindesteuern. Was wir vor allem brandmarken, das ist die niederträchtige Propaganda, dazu bestimmt, die Pariser Bevölkerung zu verleumden. Man behauptet, daß in Paris Diebstahl und Mord an der Tagesordnung seien. Niemals waren unsere Straßen ruhiger. Seit Wochen kein einziger Diebstahl, kein einziger Mordversuch. Bürger, was sich in diesem Augenblick abspielt, ist die alte Geschichte. Der Bürgerkrieg ist ihre letzte Chance, und so entfesseln sie den Bürgerkrieg. Arbeiter, täuscht euch nicht: dies ist die große Schlacht, das Schmarotzertum und die Arbeit, die Ausbeutung und die Produktion sind miteinander handgemein geworden.
Es lebe die Commune! Es lebe die sozialistische Weltrepublik!

2. DELEGIERTER DER COMMUNE Bürger von Paris, Arbeiter, Kaufleute, Handwerker, Gelehrte, ihr alle, die ihr arbeitet und ehrlich eine Lösung der sozialen Probleme sucht. Wer sich bis heute keine Meinung gebildet hat, verdient nicht seinen Namen. Wer sich gleichgültig dem Streit entzieht, wird niemals die sozialen Verbesserungen genießen können, welche wir erringen wollen. Die heutige Revolution ist das Werk des Volkes. Trotz aller gehässigen Reden unserer Feinde ist das kein von einer Handvoll Aufrührer geleiteter Aufstand. Alle Straßen

und Plätze gehören euch, eure Fahne weht überall. Das ist die Erhebung eines Volkes, das frei sein will. Und diejenigen, die die Farbe unserer Fahne etwa erschrecken sollte, können sich beruhigen. Es ist kein anderes Rot als das Rot des Volksblutes.

JEANNOT Wenn es sonst vergossen wurde, hat man sich auch nicht sehr über die Farbe aufgeregt.

1. ARBEITER Es wird ihnen erst wieder zusagen, wenn es im Rinnstein fließt.

CLUBVORSITZER Es ist undenkbar, daß man Paris im Sturm nimmt. Es ist nicht möglich, daß man hier auf Trümmerhaufen und Leichen die Herrschaft wieder an sich reißt.

2. ARBEITER Du wirst dich wundern, wie bequem es sich auf Trümmerhaufen und Leichenbergen regieren läßt. Da macht das überhaupt erst Spaß.

PÉPÈRE Warum ist die Commune so schlapp? Ihr seid doch Herr der Situation. Wenn es euch an Geld fehlt, ihr könnt es euch doch beschaffen.

CLUBVORSITZER Unsere Sache ist die Sache der Gerechtigkeit, und wir wollen, daß sie siegt.

JEANNOT Ich fordere die Auflösung der Commune, weil sie nicht revolutionär genug ist.

1. ARBEITER Ihr schont die Versailler, wir werden noch sehen, wie sie uns diese Schonung vergelten. Wir brauchen eine starke Regierung, die alle Macht an sich nimmt.

2. ARBEITER Jede Zentralgewalt ist für die Revolution nur ein Hindernis. Dieses Vorurteil der starken Regierung ist eine große Gefahr für den Sozialismus. Wir wollen unsere Angelegenheiten selbst in die Hand nehmen. Wir haben uns hier versammelt, um über eure Tätigkeit zu urteilen, weil wir der Souverän sind und weil ein Volk durch niemand anderen gerettet werden kann als durch sich selbst.

2. DELEGIERTER Die Prinzipien von Versailles sind natürlich einfacher anzuwenden. Unter ihren Kugeln sind Greise, Weiber, Kinder gefallen.

1. DELEGIERTER Wir müssen siegen, weil nach einer Niederlage aus unseren Witwen mißhandelte Opfer würden, weil unsere Waisen wie Verbrecher verfolgt würden und weil die Niedermetzelungen noch zahlreicher als früher sein würden.

3. ARBEITER Bürger, die Commune hat keine Prophezeiungen abzugeben. Die Commune ist gehalten, ihre Gesetzesvorlagen dem Volk zur

Billigung zu unterbreiten, dem Volk, das Weisungen zu erteilen, aber keine entgegenzunehmen hat. Die Initiative zu revolutionären Maßnahmen liegt beim Volk. Und die Ideen der Gerechtigkeit und der Solidarität müssen die Gesetze der Welt sein, und sie werden es sein. *Die Arbeiter diskutieren untereinander weiter.*

Bürgerclub rechts

GENERAL *in Zivilkleidung* Die radikalste Revolution, die je in der Welt unternommen wurde, eine verbrecherische Insurrektion gegen die ganze Gesellschaft.

BISCHOF *in Zivilkleidung* Ich bin vor allem betroffen darüber, wie sehr die Arbeiterklasse durch den Wohlstand demoralisiert worden ist. Sie besitzen doch die Sonne, das ist eine einzige große Gratisveranstaltung. Aber was ist die Folge, die Schwächung des Respekts vor dem Besitz. Das geht ihnen ins Blut, besitzen zu wollen, ohne dafür zu zahlen. Überhaupt, alle schlechten Eigenschaften vermehren sich im Sonnenschein. Alle Attacken auf das Bestehende kommen erfahrungsgemäß mit dem Frühjahr.

SCHNYDER Kennen Sie diese Leute von der Commune? Ich kenne keinen davon. Ich habe die Namen noch nie gehört.

MORNAI Es hat bisher auch noch keiner angenommen, daß Sie zum Proletariat gehören.

DAVID Keiner von der Börse. Kein Aufsichtsrat. Kein hoher Beamter. Kein Industrieller. In der ganzen Regierung kein einziges Mitglied der Regierung. Peinlich so was.

SCHNYDER Und die wollen das komplizierte Räderwerk eines Staates so mir nichts dir nichts – schöne Aussichten. Das kommt da aus seinen Gassen voller Ratten und Unrat, aus seinen dunklen Wohnhöhlen ins Rathaus, in die prachtvollsten Salons, um seine schmutzigen Hände an den seidenen Portieren abzuwischen, seine Dreckstiefel auf den schönsten Teppichen abzutreten, lümmelt sich auf den Brokatsesseln herum, demoliert die kostbaren Möbel, verlaustes und verwanztes Pack, unter den vergoldeten Stukkaturen, unter den mit Lilien geschmückten Lüstern. Die Regierung!

MORNAI Also eines muß man ihnen lassen. Ihre Gesetze versteht man. Das hier ist klar. Die Mieten werden nicht gezahlt, weil keiner die Mieten zahlen kann. Basta. Reform des Justizwesens. Kostenlose Rechtsprechung. Wahl der Richter. Abschaffung der Käuflichkeit der Ministerialämter. Veränderung der Wohlfahrtsorganisation. Die Schule soll dem Kind die Liebe und Achtung für seinesgleichen einpflanzen, ihm Gerechtigkeitssinn einflößen, es belehren –

SCHNYDER Alles vollkommen klar und alles auf unsere Kosten.

DAVID Die Mitglieder der Commune erhalten nur 15 Francs täglich.

GENERAL Das wären, das sind, warten Sie, das kann unmöglich stimmen.

DAVID Stimmt genau. 5475 im Jahr. Und obwohl die meisten von ihnen mehrere Ämter leiten, wird nur eines bezahlt.

GENERAL Das gibts doch nicht. Wer macht denn das?

DAVID Die Commune. Höchstgehalt der Staatsangestellten: 6000 Francs jährlich. Ein öffentliches Amt soll nicht mehr einbringen als die Tätigkeit eines Arbeiters.

SCHNYDER Für Ämter, wo man mühelos 100000 – nur 6000? Wer übernimmt denn dafür die Regierungsgeschäfte.

BISCHOF Dagegen haben sie das Gehalt der Lehrer verdoppelt, auf 2000 Francs. Das wollen wir doch mal festhalten. Summiert sich ja schließlich auch.

DAVID Das stimmt. Für einen Staatsrat alter Couleur können sie jetzt fünfzig Lehrer bezahlen. Das summiert sich auch.

GENERAL Aber bürgt sie auch für Gott, Familie und Eigentum?

DAVID Dafür bürgt bekanntlich die Bank von Frankreich.

SCHNYDER Wer weiß, wie lange noch. 3 Milliarden. Umzingelt von vierzigtausend Banditen und Mördern. Und Versailles schläft.

MORNAI Mit Mördern verhandelt man nicht. Versailles organisiert eine der schönsten Armeen, die Frankreich je besessen hat. Die guten Bürger können sich beruhigen und auf das Ende eines Kampfes hoffen, der schmerzlich, aber kurz sein wird. Die Herrschaft des Gesetzes wird wiederhergestellt werden. Die Armee wird Paris besetzen und die Trikolore dort aufpflanzen, wo die rote Fahne geweht hat.

DAVID Das ist doch auch ganz schön klar, oder?

SCHNYDER Nur sieht man sie nicht, diese schönste Armee aller Zeiten.

DAVID Warten Sie, und genießen Sie die Stille.

SCHNYDER Und die Deutschen?

MORNAI Für Bismarck gibt es nur ein Frankreich, das zahlungsfähige. Die Zahl der zurückgeschickten Kriegsgefangenen steigt ständig. Man rechnet mit 150000 Mann. Sie werden in einem besonderen Heerlager auf Straßenkampf gedrillt.

GENERAL Und wie ist die Börse?

BISCHOF Die Kurse sind stabil.

SCHNYDER Na sehen Sie, das ist bald ausgestanden. Die Zukunft des Landes wird nicht auf Volksversammlungen und nicht in den Vorstädten entschieden. Dies ist ein schlechter Moment, über den man hinwegkommen muß. Einige 15000 Mann müssen geopfert werden, dann wird sich der Himmel wieder aufklären, und die Geschäfte werden aufblühen.

Man hört im Hintergrund einzelne Schüsse.

GENERAL War das ein Schuß?

BISCHOF Es wird geschossen.

SCHNYDER *zu David* Da sehen Sie! Da haben Sie Ihre Commune. Banditen, Mörder, die wahllos herumknallen. Harmlose Bürger in Gefahr bringen. Rechtschaffene Menschen massakrieren.

MORNAI Versailles schießt. Die Armee schießt.

SCHNYDER Die Armee? Na endlich wird geschossen. Endlich. Diese Stille. War ja nicht mehr zum Aushalten.

Bürgerclub links

1. ARBEITER Es wird geschossen.

2. ARBEITER Wir müssen zu unseren Einheiten.

CLUBVORSITZER Wir haben noch das Manifest an die Bauern.

3. ARBEITER Vorlesen. Gerade jetzt.

JEANNOT Die Versailler erwischen wir noch früh genug.

PÉPÈRE Ja, oder sie uns.

3. ARBEITER Vorlesen!

Die Unruhe legt sich, man hört zu, im Hintergrund gelegentlich Schüsse.

CLUBVORSITZER *liest ein Manuskript vor* Commune von Paris. An die Arbeiter auf dem Lande! Bruder, man betrügt dich. Unsere Interessen sind dieselben. Das, was ich fordere, willst auch du. Die Befreiung, die ich verlange, ist auch die deine. Bei dir wie bei uns ist der Tag lang und hart und bringt nicht einmal soviel ein, wie die leiblichen Bedürfnisse verlangen. Wir beide, du und ich, sind immer noch die Untertanen des Elends. Seit fast einem Jahrhundert erzählt man dir, daß das Eigentum die heilige Frucht der Arbeit sei, und du glaubst es. Öffne deine Augen, blicke um dich, und du wirst sehen, daß das eine Lüge ist. Du bist alt, du hast dein Leben lang gearbeitet, hattest Tag für Tag von früh bis abends den Spaten oder die Sichel in Händen, und du bist dennoch nicht reich, hast nicht einmal ein Stück Brot für dein Alter. Wenn deine Kraft erschöpft ist, findest du keine Arbeit mehr, und du bist gezwungen, um ein kärgliches Almosen zu betteln. Wenn es wahr wäre, daß Eigentum die Frucht der Arbeit ist, müßtest du Eigentümer sein, du, der du so viel gearbeitet hast. Du besäßest jetzt dieses kleine Häuschen mit Garten und Zaun, das der Traum deines ganzen Lebens war, das du aber nie erwerben konntest. Nein, Bruder, die Arbeit schafft nicht das Eigentum. Das Eigentum überträgt sich oder wird durch List erworben. Und das ist nicht gerecht. Deshalb regt sich Paris, deshalb stellt es Forderungen auf, deshalb erhebt es sich und will die Gesetze ändern, die den Reichen alle Macht über die Arbeiter geben. Paris will, daß der Sohn des Bauern eine ebenso gute Erziehung erhalte, wie der Sohn des Reichen, und zwar umsonst, in Erwägung, daß die menschliche Wissenschaft das gemeinsame Gut aller Menschen und für die Lebensführung nicht weniger nützlich ist als das Auge zum Sehen. Paris verlangt, daß es keine mit 100000 Francs bezahlten Ämter mehr gebe, daß nicht mehr ein einzelner Mensch in einem einzigen Jahr das Vermögen mehrerer Familien verzehren darf. Paris fordert, daß die, die keine Eigentümer sind, auch keine Steuern bezahlen, daß die kleinen Vermögen leicht besteuert werden und die ganze Steuerlast auf die Reichen fällt. Paris verlangt, daß das Gerichtswesen denen, die es brauchen, nichts mehr kostet und daß das Volk selber seine Richter unter den anständigen Leuten des Bezirks zu wählen habe.

Paris will schließlich, hört gut zu, ihr alle, die ihr sät, erntet und euren Schweiß vergießt, damit der Hauptteil eurer Produkte jemandem zufalle, der gar nichts tut, Paris will den Bauern den Boden, dem Arbeiter das Werkzeug, allen aber Arbeit geben. Der Krieg, den Paris jetzt führt, ist ein Krieg gegen den Betrug, gegen die Lüge und gegen die Faulheit. Man sagt euch: Die Pariser, die Sozialisten wollen alles aufteilen. Nun, ihr guten Leute, seht ihr nicht, wer das zu euch sagt? Sind nicht diejenigen die Enteigner und Aufteiler, die nichts tun und üppig von der Arbeit der anderen leben? Habt ihr noch nie einen Dieb, um von der richtigen Spur abzulenken, ausrufen hören: Haltet den Dieb!

Die Früchte der Erde denjenigen, die sie bestellen. Jedem das Seine, allen die Arbeit. Das ist möglich, denn es wäre besser, an gar nichts zu glauben, als zu glauben, daß die Gerechtigkeit nicht möglich sei. Und was auch kommen mag, merkt euch diese Worte: Es wird so lange Revolution in der Welt geben, solange nicht die Losung gilt: die Erde dem Bauern, das Werkzeug dem Arbeiter, die Arbeit für alle. Die Arbeiter von Paris.

Alle heben die Hände. Ab.

37 Volksfest

Die Maschinen unter der Empore haben sich in Karussells verwandelt, Schaukeln werden geschwungen, Glücksräder knarren, Händler schreien, Musik ertönt. Eine Volksmenge schiebt sich über die Bühne. Menschengruppen stehen vor Plakatsäulen und diskutieren. Auf der Empore über der Haupttreppe hat ein Ausrufer ein Brett über drei Stühle gelegt, Bürger und Bürgerinnen stehen darauf und starren angestrengt in die Ferne.

A

AUSRUFER Damen und Herren, Ladies and Gentlemen, Mesdames, Messieurs, erleben Sie die Beschießung der Metropole Europas, sehen Sie das Mekka der Zivilisation und seine Zerstörung! Kommen Sie zum Rendezvous der Granaten! Für einen Sou können Sie die moderne Artillerie betrachten, tote Soldaten, verletzte Helden. Danke schön. Danke schön. Bitte Obacht geben, daß Sie nicht herunterfallen und sich verletzen. Von hier aus sieht man die Avenue de la Grande Armée in ihrer ganzen Länge, von wo sich fürchterlicher Geschützdonner vernehmen läßt, worauf die Gegend in eine weiße Rauchwolke gehüllt wird. Jenseits der Avenue de l'Empereur ein Bataillon der Versailler. Schauen Sie, sehen Sie, staunen Sie, ein Sou, und Sie sind dabei. Danke schön. Danke schön.

B

1. BÜRGER Die Nachtarbeit der Bäcker soll abgeschafft werden, um die Arbeiter dem gesellschaftlichen Leben zurückzugeben, und die Bäckergesellen sind natürlich begeistert.

2. BÜRGER Es ist zu erwarten, daß das Arbeiten in der Nacht auch allen übrigen Gewerben noch untersagt wird, als da sind Heizer, Bergarbeiter, Drucker, Straßenkehrer, Schauspieler und so weiter. Am Ende wird man das Arbeiten noch ganz untersagen.

1. BÜRGER Alle Dekrete der Commune zeugen von einer ganz beispiellosen Unerfahrenheit in nationalökonomischen Dingen. Würden diese Dekrete zur Ausführung gelangen, so würde Frankreich binnen kurzem vor dem Bankrott stehen. Das Dekret, das den Bäckern die Nachtarbeit untersagt, ist so widersinnig wie alles andere. Wer wird durch dieses Dekret betroffen? Nur das früh aufstehende Volk, das um 6 Uhr morgens kein frisches Brot bekommt, während die später aufstehenden Bürger davon gar nicht berührt werden.

2. BÜRGER Bei all diesen Gesetzen und Anträgen, zum Beispiel auch über eine so diffizile Frage wie die der Mieten, vergißt man ständig eine Person, den Eigentümer.

1. BÜRGER Nationalökonomie. Nationalökonomie.

Kinder bieten Granatsplitter an.

KIND Granatsplitter! Granatsplitter! Souvenirs von Versailles. Heiße frische Granatsplitter.

1. BÜRGER Was kosten die, mein Kleiner?

KIND *zeigt seine Granatsplitter vor* Der einen Franc und der große einen Franc dreißig. Der Heiße kostet fünfzig Centimes mehr.

1. BÜRGER Der Heiße?

KIND Ganz frisch von einer Granate. Keine zwei Minuten.

2. BÜRGER Vor zwei Minuten war hier –

KIND Wollen Sie oder wollen Sie nicht? Er wird kalt.

1. BÜRGER Gut, ich nehme ihn. Hübsche Form. Wunderbarer Briefbeschwerer.

2. BÜRGER Wenn man bedenkt, daß vor zwei Minuten hier noch – Ist es nicht etwas gefährlich?

1. BÜRGER Keine Spur. Man hat mir gesagt, daß der Flug einer Granate von einem charakteristischen Pfeifen begleitet sei, so daß man vor ihrem Einschlagen rechtzeitig gewarnt werde. In diesem Fall soll man sich augenblicklich der Länge nach zu Boden werfen.

2. BÜRGER Vielleicht empfiehlt es sich doch, ein wenig in die Wolken zu schauen, ob nicht gerade etwas dahergesegelt kommt.

C

Jeannot und Louise kommen Arm in Arm die Haupttreppe herab und treffen auf Sascha.

JEANNOT He Sascha! Komm her. Misch dich unter die Leute, hör ihnen zu, ein ganzes Volk spricht über hochwichtige Dinge. Ein neues Jahrhundert bricht an.

LOUISE Wo warst du? Wir haben dich gesucht.

SASCHA Ich war bei einem Freund. Er ist jetzt stolzer Direktor eines Krankenhauses. Er war im Gesundheitsdienst, hat aber nie Zeit gehabt, seinen Doktor zu machen. Mindestens zehnmal hat er gesagt: Ach, wenn meine Mutter mich sehen könnte.

Sie lachen.

JEANNOT Wir waren beim Konzert in den Tuilerien. Drei Orchester spielten in den Sälen, Mozart, Meyerbeer, Rossini. Toll. Auf diese Weise bekommt man mal ein Kaiserschloß zu sehen. Jeder hat Zutritt, du bist dort wie zu Haus.

SASCHA Wo ist Pépère?

LOUISE Auf Wache. Schade, daß er es nicht gesehen hat.

JEANNOT Und alle Museen sind geöffnet. Man kann in den Louvre, man kann in die Nationalbibliothek, alles steht dem Publikum offen.

LOUISE In die Akademie der Wissenschaften wollte er auch hinein.

JEANNOT Warum denn nicht. Sie hatten dort eine Sitzung. Alles Gelehrte. Das muß man sich doch mal ansehen. Und die Künstler geben überall Sondervorstellungen für die Verwundeten. Es ist vielleicht was los, sag ich dir, und wenn man bedenkt, das ist erst der Anfang.

D

2. BÜRGER Das ist das Ende, wenn man bedenkt, das Théâtre Gaité von den Schauspielern übernommen.

1. BÜRGER Sie leiten es selbst.

2. BÜRGER Und der Intendant?

1. BÜRGER Ist weg.

2. BÜRGER Wie wird das alles nur enden? Diese Commune. Jagt da täglich Tausende von wackeren Familienvätern in den Tod.

1. BÜRGER Dafür beansprucht sie die Ehre, ihre Beerdigung zu bezahlen. Alle, die für die Commune sterben, werden feierlich in einer großen Familiengruft auf dem Père Lachaise bestattet. Dazu lebenslängliche Pension für die Verwundeten, Pensionen für die Witwen und die Eltern der Gefallenen und für ihre Kinder eine Rente bis zum 18. Lebensjahr, und sie adoptiert auch noch die Waisen. Da macht das Sterben freilich Spaß. Hat man auch mal ausgerechnet, was das alles kostet? Nationalökonomie. Nationalökonomie.

Eine Gruppe Flüchtlinge zieht mit ihren Habseligkeiten vorbei.

2. BÜRGER Wo kommt ihr her?

ALTE FRAU Neuilly.

2. BÜRGER Und wie sieht es da aus?

ALTE FRAU Kein Stein mehr auf dem anderen. Alles zerschossen. Es regnet nur so Granaten und Kartätschen. Es ist die Hölle.

2. BÜRGER Das lustige Neuilly mit seinen Wirtshäusern und Parks, eine Hölle.

1. BÜRGER Zu der es die von Blut und Mord berauschten Verdammten der Commune anscheinend unwiderstehlich hinzieht.

2. BÜRGER Ein Bewohner von Neuilly erzählte mir: Ein Versailler Liniensoldat und ein Pariser Nationalgardist verfolgten einander mit aufgepflanztem Bajonett bis auf das Dach eines Hauses, sie warfen die Waffen fort und begannen zu ringen, auf dem abschüssigen Dach, hundert Fuß über dem Straßenpflaster, der Nationalgardist zog ein Messer, der Liniensoldat packte ihn, riß ihn mit einem Ruck zu sich herab und beide stürzten in die Tiefe.

1. BÜRGER Gestern sah ich eine schreckliche Szene. Ein Leichenzug bewegte sich durch eine Avenue, ein Kindersarg, dahinter ein Arbeiter, wahrscheinlich der Vater. Das war sehr traurig, sollte aber gräßlich werden. Eine Granate fiel auf den kleinen Sarg und schleuderte Bretter, Knochen und Fleisch dem Vater ins Gesicht.

2. BÜRGER Ich hätte auch gern so ein hübsches Stück. *Er winkt das Kind mit den Granatsplittern heran.* Junge, einen Heißen.

JEANNOT Lassen Sie sich nicht hereinlegen, Bürger. Diese Eisenstücke müssen von einem Kometen stammen, da Paris ja bekanntlich nicht beschossen wird.

2. BÜRGER Monsieur, wollen Sie uns bitte nicht belästigen, wir sind friedliche Bürger.

JEANNOT Wir auch, Monsieur, wir auch. He du. *Er gibt dem Kind ein Zeichen.*

KIND *pfeift hinter dem Rücken der Bürger auf den Fingern und ruft lauthals* Granate!

Die beiden Bürger werfen sich hin. Gelächter der Herumstehenden. Die Bürger stehen wieder auf.

JEANNOT Da liegen die Bürger vor ihren eigenen Kanonen auf dem Bauch. Meine Herren, darf ich fragen, warum Sie sich auf die schmutzige Straße werfen? Ich sehe dort ein Plakat von friedlichen Bürgern aus Versailles, auf dem man uns versichert, daß Paris nicht beschossen wird. Also ist es ganz unnötig, sich auf die Straße zu werfen. Lesen Sie.

Er liest von einem Plakat ab.

»Man verleumdet die Regierung, wenn man annimmt, sie würde versuchen, sich durch eine Beschießung von Paris zu behaupten. Nachdem sie mit ihren Granaten die Kuppel des Invalidendoms oder des Panthéon durchlöchert hat, nachdem sie das Heim eurer Familien dem Feuer ausgesetzt hat, wäre eine solche Regierung nach ihrem Siege hundertmal unmöglicher als vorher.« Man sieht, Versailles beschießt Paris nicht.

1. BÜRGER Die Artillerie von Versailles beschießt Paris nicht, sie kanoniert es bloß.

JEANNOT *schreit* Granate!

Die Bürger werfen sich wieder hin.

Bürger Monsieur, könnten Sie mir den Unterschied erklären, da die Wirkung anscheinend die gleiche ist?

Die beiden Bürger rappeln sich wieder auf.

2. BÜRGER Wir suchen den Frieden.

LOUISE Den Frieden? Den suchen wir alle. Wer aber hat den Krieg angefangen?

1. BÜRGER Und wer hat Paris in seiner Gewalt?

JEANNOT Die, die Sie hier sehen, die hier feiern und diskutieren und leben, diese Menschen hier, das ist das wahnsinnig gewordene Volk, das Paris in seiner Gewalt hat. Und Sie sind die ehrenwerten Männer der Familie, der Religion und des Eigentums. Die Männer, die Paris beschießen lassen. *Sehr nah hört man den Einschlag einer richtigen Granate. Alles wirft sich auf den Boden und kommt dann langsam wieder hoch.* Selbstverständlich nicht beschießen, nur kanonieren, wollte ich sagen. Es ist ein fröhliches Fest. Gottverdammichauch.

4 Nationalgardisten tragen einen Sarg über die Bühne. Auf dem Sarg eine rote Fahne. Einige Angehörige folgen.

LOUISE Wer ist das?

NATIONALGARDIST Einer vom Montmartre.

LOUISE *zu Jeannot* Gehen wir noch ein Stück mit ihm?

JEANNOT Ja, gehen wir mit ihm.

Sie gehen hinter dem Sarg her und ab.

1. BÜRGER Kommen Sie mit ins Theater? Man spielt »Die dreischnablige Ente«. Man muß auch ein wenig lachen. Aber wir sollten uns beeilen, die Theater sind jeden Abend überfüllt. In den Logen süße Frauen, in den Zwischenakten überzuckerte Veilchen. *Er schnalzt mit der Zunge.*

2. BÜRGER Wenn ich Sie anschließend zu einem Dîner einladen darf. Das Hôtel du Helder gewährt Kredit bis nach dem Ende der Commune.
Beide ab.

E

AUSRUFER Damen und Herren, Ladies and Gentlemen, Mesdames, Messieurs, erleben Sie die Beschießung der Metropole Europas, sehen Sie das Mekka der Zivilisation und seine Zerstörung. Kommen Sie zum Rendezvous der Granaten. Für einen Sou können Sie die moderne Artillerie betrachten, tote Soldaten, verletzte Helden. Schauen Sie, sehen Sie, staunen Sie. Wer wird sich dieses Schauspiel entgehen lassen. Ein Sou, und Sie sind dabei. Danke schön. Danke schön. Danke schön.
Die Szene hat sich inzwischen aufgelöst.

38 Hinterhof

Auf der linken Seitentreppe sitzt Louise und näht Sandsäcke. Jeannot liest in einer Zeitung.

JEANNOT Guter Artikel. Da lohnt es sich, lesen zu lernen.
LOUISE Du solltest lieber die Sandsäcke füllen, als deine Parteizeitung auswendig zu lernen. Die schreiben doch jeden Tag das gleiche.
JEANNOT Die Wahrheit schreiben sie, die Wahrheit.
LOUISE Die kennen wir ja inzwischen.
Dunant kommt von links.
JEANNOT Na, mal wieder auf Reisen?
LOUISE Sie fahren wohl auch nur noch zwischen Paris und Versailles und den Deutschen hin und her.
DUNANT Solange man noch helfen kann.
LOUISE Da ein Priester, da ein Minister, da ein General, rette sich wer kann, und Dunant rettet, wen er kann.
DUNANT Ja. Das ist wahrscheinlich eine Schwäche von mir. Einen Menschen zu retten bringt mehr Ärger, als tausend Menschen zu erschießen. Die in Versailles denken, ich gehöre zur Commune, die Commune denkt, ich gehöre zu Versailles, die Deutschen grübeln, was für ein Franzose ich bin, und die Polizei aller Länder hält mich für einen

radikalen Roten, einen Nihilisten und Anarchisten, einen der wichtigsten Anführer der Internationale, für einen Hochverräter, der anständigerweise erschossen gehört. Wie man sieht, bin ich ein sehr gefährlicher Mensch.

JEANNOT Und wo waren Sie heute?

DUNANT Bei Monsieur Thiers in Versailles.

LOUISE Thiers? Was wollten Sie denn bei dem?

DUNANT Vermitteln.

JEANNOT Vermitteln?

DUNANT Ja, zwischen der Commune und Versailles.

LOUISE Und was meint Monsieur Thiers in Versailles zu Ihrem Vermittlungsversuch?

DUNANT Nicht viel. Er hält Hof wie ein König und große Reden wie ein König. *Er macht Thiers nach* »Man überhäuft mich mit ärgerlichen Dingen aller Art. Man wählt ausgerechnet den Tag, an dem mich ein großes Unglück betroffen hat, um mit mir von Versöhnung zu sprechen. Ich habe das Versprechen gegeben, die Republik zu schützen, und das werde ich tun. Ich sage das, damit man es weitersage.«

JEANNOT Danke, wir werden es weitersagen.

LOUISE Und was hat er für ein Unglück?

DUNANT Man hat in Paris sein Haus abgerissen. Ich hatte keine Ahnung. Pech.

LOUISE Die Commune hat beschlossen, im Zeichen der Gleichheit fein säuberlich das Haus dieses Herrn abzutragen, der die Häuser anderer Bürger ziemlich unordentlich dem Erdboden gleichmacht. Und was seine berühmte Kunstsammlung betrifft und seine Bibliothek, Dinge von unschätzbarem Wert, wie man versichert, so hat man eine Kommission aus sachverständigen Leuten gebildet, ein Inventar gemacht und alles ganz behutsam in die Museen transportiert, kein Stäubchen wird da weggekommen sein.

JEANNOT Und er hat noch den Katalog umsonst und alle seine Schätze in Sicherheit.

LOUISE Mich wundert, daß man ihm nicht noch die Ziegelsteine seines Hauses numeriert hat, damit er nachher alles wieder fein zusammensetzen kann. Seine Granaten, die in unsere Häuser schlagen, lassen uns nicht die Zeit, erst noch Inventur zu machen. Sie fragen nicht mal danach, ob noch Menschen in den Häusern sind. Sie zerfetzen Häuser und Menschen, und von Kunst ist da nicht die Rede, und kein Museum ist da zuständig, und von Glück kann man da nur sprechen, wenn sie einen noch lebend aus den Trümmern holen.

DUNANT Die diesen Krieg befohlen haben, wollen keine Weltrepublik, sie wollen überhaupt keine Republik, mit Ausnahme von Monsieur Thiers, unter der Bedingung, daß er der König dieser Republik wird. Thiers ist ein herrschsüchtiger Mann und versteht nichts vom Volk von Paris. – Aber warum die Verhaftung des Erzbischofs?

LOUISE Und unsere Gefangenen, die jeden Tag in Versailles erschossen werden?

JEANNOT Sie sind doch da Fachmann. Ist das so üblich, wehrlose Gefangene zu erschießen, nachdem man sie getreten, geschlagen, beschimpft und bespuckt hat?

DUNANT Es ist eine Mißachtung aller Gewohnheiten im Kriege zwischen zivilisierten Völkern. Eine Regierung setzt sich damit außerhalb des Kriegsrechts und der Menschlichkeit.

LOUISE Das ist sehr interessant. Und was sollen wir tun, damit das aufhört? Wie wehrt man sich gegen diese Art von Menschlichkeit? Sollen wir ihre Gefangenen erschießen?

JEANNOT Wir werden nicht wehrlose Gefangene töten.

LOUISE Das macht in Versailles aber gar keinen Eindruck. Sie erschießen die Gefangenen, und die Bürger rufen vom Balkon bravo, und die Damen rühren mit ihren Sonnenschirmen im Gehirn der Toten. Und das am hellichten Tag mitten in Frankreich. Und was machen wir? Wir erlassen als Warnung ein Geiselgesetz, das eventuell auch in Kraft treten soll, und verhaften zur Vorsicht auch ein paar Leute, und sogar einen Erzbischof.

JEANNOT Was soll man denn sonst tun? Es ist die einzige Gegenmaßnahme.

LOUISE Die Bürger in Versailles halten sich nicht damit auf, ein Geiselgesetz zu erlassen. Sie erschießen, was ihnen vor die Flinte kommt. Wozu dann ein Dekret?

JEANNOT Damit Versailles aufhört, die Gefangenen zu erschießen. Um Versailles zu warnen. Eben weil wir nicht schießen wollen, deshalb das Dekret.

LOUISE Versailles braucht kein Dekret. Versailles erschießt.

JEANNOT Wir sind nicht Versailles.

LOUISE Nein, wir füttern den Erzbischof.

JEANNOT Im Ernst, Louise, du bist zu radikal.

LOUISE Ich? Ich radikal? Und die anderen? Wie soll man denn das nennen? Wie soll man das nennen?

JEANNOT Ach weiß ich, heutzutage ist alles verdreht.

LOUISE Sollen wir uns denn so einfach abschlachten lassen? In den Kasematten liegen die Leichen meterhoch aufgestapelt. Die Lazarette sind überfüllt und werden mitsamt den Verwundeten und den Frauen die sie pflegen, zusammengeschossen. Vor ein paar Tagen wollte ein Trauerzug von Frauen, alle schön schwarz gekleidet, nach Versailles, um die Bürger zu bitten, keine Granaten mehr zu schicken. Die Granaten schlugen dann in den Trauerzug ein. Und jetzt rede mir nochmal einer vom Erzbischof. Paris ist schließlich sein Bistum. Er ist unser Hirte, und wir sind seine ihm anvertraute Herde. Gottes Kinder. Und solange uns nichts passiert, passiert dem Erzbischof auch nichts.

DUNANT Aber wenn sie einmarschieren, wird es ein großes Gemetzel geben, und was dann?

JEANNOT Wenn sie nicht einmarschieren, gibt es kein Gemetzel.

DUNANT Aber wenn?

LOUISE Wenn wir dann noch leben, wird auch der Erzbischof noch leben. Wenn wir aber alle tot sind, wird auch der Erzbischof tot sein. Denn vor Gott sind wir ja alle gleich, da wird die Leiche eines Erzbischofs nicht mehr zählen als die Leichen der Pariser Arbeiter. Einen Unterschied wird man nur auf Erden daraus machen.

Ein verdreckter Nationalgardist kommt von links, er hat ein paar schmutzige Schuhe in der Hand.

NATIONALGARDIST Bürgerin.

LOUISE Ja.

NATIONALGARDIST Die Schuhe von Pépère.

LOUISE Die Schuhe?

NATIONALGARDIST Ja. Wir haben sie ihm noch ausgezogen. Das andere war nicht mehr.

LOUISE Ja.

NATIONALGARDIST Die Schuhe. Wir dachten – *Er gibt ihr die Schuhe.*

JEANNOT Und – Pépère?

NATIONALGARDIST Wir kommen nicht ran. Das ganze Fort ist hin. Wir kommen einfach nicht mehr ran.

LOUISE Sascha hat die gleiche Größe. Er wird sie tragen können. Es ist gut so. *Sie setzt sich und behält die Schuhe in der Hand.*

NATIONALGARDIST *gibt Jeannot eine Zeitung* Hier. Damit ihr Bescheid wißt. *Er geht ab.*

DUNANT *erhebt sich und geht zu Louise* Mein Beileid. *Er geht zu Jeannot.* Mein Beileid.

JEANNOT *gibt ihm die Zeitung* Können Sie? Ich kann jetzt nicht.

DUNANT *liest aus der Zeitung vor* Die Regierung der französischen Republik an die Pariser. Die Commune, das heißt, die Minderheit, die euch unterdrückt und die sich mit der infamen roten Fahne schmückt, vergewaltigt das Eigentum, kerkert die Bürger ein, verwandelt Straßen und Plätze, in denen der Welthandel blühte, in Einöden und lähmt die Arbeit. Die Regierung hätte gewünscht, daß ihr euch von den Tyrannen, die mit eurer Freiheit und eurem Leben ihr Spiel treiben, selbst befreit. Weil ihr es nicht könnt, muß sie es übernehmen, und deshalb hat sie unter euren Mauern eine Armee zusammengezogen, die mit ihrem Blut euch nicht erobern, sondern euch befreien will. Die Ruhe, die Ordnung, der Wohlstand und der Frieden werden in eure Mauern zurückkehren.

LOUISE Ruhe, Ordnung, Frieden, Freiheit. Tote, Verletzte, Zerstörung, Chaos.

JEANNOT Die Regierung zeigt, was sie kann. Sie tötet uns.

LOUISE Jeannot, bauen wir die Barrikade. *Sie stellt die Schuhe hin und steht auf.*

SASCHA *kommt von links mit der Zeitung in der Hand* Habt ihr gelesen? – Was ist?

JEANNOT Pépère.

Alle starren auf die Schuhe.

SASCHA *setzt sich* Ich mag nicht mehr. Ich mag nicht mehr.

LOUISE Und wenn Pépère das auch gesagt hätte? Und all die anderen.

SASCHA Und wenn es diesmal wieder nichts wird?

JEANNOT Deswegen muß man ja immer wieder – Für uns ist das hier das letztemal. Aber du hast das richtige Alter. Du wirst es noch erleben. Wenigstens wirst du wissen, wie man Barrikaden baut.

LOUISE Zieh die Schuhe an, Sascha, deine sind undicht.

Alle ab.

39 Speaker's corner

Dunant kommt mit einer Kiste, stellt sich darauf und redet auf vorbeispazierende Bürger ein, ohne daß man ihn beachtet. Während seiner Rede ersteht hinter ihm in der Bühnenmitte – rechts und links unter der Empore hervorkommend oder aus dem Bühnenboden aufsteigend – eine Barrikade. Sie schließt den hinteren Teil der Bühne völlig ab.

DUNANT Schlaft nicht! Wiegt euch nicht in schönen Träumen von der Friedlichkeit der Welt! Die Zukunft bringt nicht den Frieden, sie bringt den Krieg. Der Krieg ist nicht tot. Er hat nur sein Gesicht geändert und ist noch furchtbarer geworden. Alles, worauf unsere Zivilisation so stolz ist, wird ihm dienstbar gemacht. Eure elektrischen Bahnen, eure lenkbaren Luftschiffe, eure Unterseeboote und fliegenden Brücken, eure Photographie, eure Telegraphen und Telephone. Was erfindet ihr noch alles, um das Morden noch leichter und sicherer zu machen? Wie schnell sind auch die »menschlich« Denkenden bereit, das Blut ihrer Mitmenschen leichten Herzens zu vergießen. Macht euch die ganze Schöpfung untertan, damit sie euch bei eurem Massaker hilft. Stürzt sie mit euch zusammen in das Blutbad. Nur schnell, damit die ganze Welt gerüstet ist für den Tag des großen Schlachtens. Drängt die Erfinder, damit sie eure Mordwerkzeuge verbessern, überschüttet sie mit Ehren, stopft sie voll mit Gold. Und dann vernichtet euch gegenseitig und zerstört um die Wette, was einst der Stolz der Kultur war: Paläste, Häfen, Viadukte, Bauten, die Meisterwerke der Kunst. Aber vergeßt nicht, daß dann auch eure Zivilisation, auf die ihr euch heute noch soviel einbildet, unfehlbar zugrunde gehen wird, und mit ihr euer Wohlstand, euer Handel, eure Industrie und auch eure Freiheit und euer Glück. Wenn das Unwetter kommt, wird es kein gewöhnliches Unwetter sein, es wird von allen Seiten auf einmal losbrechen. Die ganze Welt wird zerstört werden, und niemand weiß, ob neues Leben auf den Ruinen wächst. Der Krieg wird die Bevölkerung der alten Welt dezimieren und alle europäischen Staaten vernichten. Wenn das Gemetzel bisher schon schrecklich war, so wird es in Zukunft noch schlimmer, und niemand hat eine Ahnung von der grauenhaften Vernichtungsmacht, die imstande ist, die gesamte Menschheit in einem einzigen Weltkrieg hinwegzuräumen.

Ab.

Eine Gruppe Bürgerinnen und Bürger balanciert über die Barrikade von der Empore links zur Empore rechts.

3. BÜRGER Diese Barrikaden machen mich ganz nervös. Hat man dazu Straßen gebaut, damit so was da, da so einfach quer drüber. Soll das der Fortschritt sein? Fängt so die Weltrepublik an?

1. BÜRGERIN Das Volk scheint doch sehr verzweifelt. Es macht wenigstens den Eindruck.

3. BÜRGER Na und? Soll es ja, kann es ja. Von mir aus. Ich hab nichts dagegen. Ich bin Demokrat. Bei mir darf jeder verzweifeln. Aber bitteschön in Ruhe und Ordnung. Unter der Herrschaft des Gesetzes. Wofür zahlt man Steuern, daß die Straßen aufgerissen werden? Das hält den Verkehr auf. Das beschädigt womöglich noch die Gasleitung und die Wasserleitung. Was dann? Wir haben schließlich eine Comfortwohnung. Sind die Brötchen da? Nein. Ist die Zeitung da? Nein. Sieht so die neue Welt aus? Soll das etwa die Zivilisation sein? Ich danke. Das ist doch alles ohne Sinn und Verstand.

1. BÜRGER Bürger Brüder, erlaubt mir, euch zu umschlingen. Das Himmelreich ist gekommen. Ich bestehe darauf, mit dem Ehrennamen Arbeiter angeredet zu werden. Ich vernachlässige schon aus purer Sympathie für das Proletariat meine Kleidung. Die neuen Sitten greifen um sich. Sind wir nicht alle Arbeiter? Oh, wir sind alle Arbeiter. Lasset uns arbeiten.

2. BÜRGERIN Wer erinnert sich noch der Tage der unbeschwerten Heiterkeit, wo die Vögel in den Champs-Elysées sangen, die Kutschen in den Bois fuhren.

3. BÜRGERIN Und die Theater mit ihren Logen, die Dîners bei Tortoni, die Boulevards mit ihren Geschäften.

2. BÜRGER Kommt alles wieder, meine Damen, kommt alles wieder, seien Sie versichert, und schöner als je zuvor.

3. BÜRGERIN Die Vendômesäule. Die Siegessäule Napoleon I. Aus 1200 eroberten Kanonen.

2. BÜRGERIN Die Säule war doch immerhin ein Symbol. Ich meine, die Bronze allein, das war doch was wert.

2. BÜRGER Wird wieder aufgerichtet. Wird alles wieder restauriert.

1. BÜRGERIN Und diese Leute sind auch noch stolz darauf. Sie wollen neue Denkmäler errichten. Haben Sie das gelesen?

2. BÜRGER »Die Gedächtnissäulen, die die Commune errichten wird, werden nie mehr irgendeinen Verbrecher der Weltgeschichte feiern, sondern sie sollen der Erinnerung dienen an eine ruhmreiche Tat auf dem Gebiete der Wissenschaft, der Arbeit und der Freiheit.«

1. BÜRGERIN Sollten wir nicht doch aufs Land? Paris hat so gar nicht mehr das Flair.

3. BÜRGER Ich bin da, wo mein Geld ist.

1. BÜRGER *trällert* Paris, du bist die schönste Stadt der Welt.

3. BÜRGER Landgüter hätte man kaufen sollen.

1. BÜRGER Und die Bauern?

3. BÜRGER Na dann eben Eisenbahnaktien.

1. BÜRGER Und die Pleiten?

3. BÜRGER Dann in Gottes Namen Staatsanleihen.

1. BÜRGER Und der Staat?

3. BÜRGER Ja, wo soll man denn hin mit seinem Geld? Da kann man das Geld ja gleich abschaffen, wenn man es doch nur wieder verliert. Dem, der etwas besitzt, gehts schlecht, dem, der nichts hat, gehts gut. Verkehrte Welt. Man darf doch wohl noch das Verdiente genießen, ohne ewig durch Ermahnungen des Volkes dabei gestört zu werden. Wozu hat man es denn verdient? Die Ideen dieser Leute bringen einen ja zum Wahnsinn.

1. BÜRGERIN Paß auf, daß du nicht herunterfällst.

3. BÜRGER Es wird Zeit, daß man denen da unten mal eine Lektion erteilt. Höchste Zeit. Diese Arbeiterhelden. Diese Sozialisten da. Alle an die Wand und abgeknallt. Alle. Ohne Ausnahme. Versetzen das Land in Panik und Schrecken. Jeder macht, was er will. Willkür und Chaos.

1. BÜRGERIN Durch die neuen Gesetze?

3. BÜRGER Gesetze, Gesetze.

1. BÜRGERIN Aber sie haben doch Gesetze gemacht.

3. BÜRGER Diebe und Mörder.

2. BÜRGERIN Hat man schon Leichen gefunden?

3. BÜRGER Die wird man noch finden.

3. BÜRGERIN Und das gestohlene Gut?

3. BÜRGER Wird sich alles noch finden.

1. BÜRGER Bei uns hat man noch nichts konfisziert.

3. BÜRGER Irgendwo werden die schon gewesen sein.

2. BÜRGER Man muß schließlich, um gerecht zu sein, zugeben, daß die Aufständischen im Verlaufe der Erhebung weder gestohlen noch ge-

plündert haben, was sie doch hätten tun können. Und Mörder? Na, ich weiß nicht. Mir ist jedenfalls nichts bekannt. Man stempelt sie so einfach zu Mördern und Dieben. Am Ende wird man noch erreichen, daß sie wirklich Entsetzen verbreiten.

3. BÜRGER Hör sich einer unseren Richter an. Es ist Zeit, daß man dazwischenfährt. Sie mit Ihren Gesetzen.

2. BÜRGER Aber mein Lieber, die Gesetze sind immer noch die Gesetze, und die Gesetze besagen –

3. BÜRGER Es genügt, daß sie das getan haben, was sie getan haben, und das sollte auch den Gesetzen genügen. *Er steht auf der Empore.* Es kommt nicht darauf an, ob einer ein todeswürdiges Verbrechen begangen hat, sondern darauf, auf welcher Seite der Barrikade er steht. Steht er auf der falschen Seite, dann ist er einer jener Männer, deren sich eine umsichtige Regierung entledigen muß. Das ist Staatsraison. Das Kriegsgesetz muß angewendet werden. Unsere Soldaten haben die Arbeit der Gerichtshöfe zu vereinfachen, indem sie auf der Stelle füsilieren. Aber die Unwissenheit der Gebildeten ist leider noch allzu groß. Die Richter werden mit dieser Kanaille viel zu mild verfahren. Ein humanitärer Wortschwall, mildernde Umstände, und der Angeklagte, anstatt auf der Stelle vom Blitz zerschmettert zu werden, wird in ein Gefängnis abgeführt. Was geschieht? Irgendwann wird eine Amnestie erlassen, und die Umstürzler, Plünderer und Meuchelmörder und das, was ihnen als Frauen dient, mit ihrer Brut von losen Mäulern, wird neue teuflische Anschläge gegen die ehrbaren Leute aushecken. Wie Tausendfüßler, die einen in einem Alptraum annagen.

1. BÜRGERIN Man hat einen Verletzten vor die Türe gelegt.

3. BÜRGERIN Was hat man?

1. BÜRGERIN Er blutet.

3. BÜRGER Commune oder Versailles?

1. BÜRGERIN Commune.

3. BÜRGER Das geht denn doch zu weit. Keinen Schritt. Du bleibst hier. Wofür hat man das Rote Kreuz. Das ist alles geregelt. Die Herren sollen sich an das Rote Kreuz wenden. Das ist zuständig. So weit kommt es noch. Die sind imstande und legen einem die Leichen noch vor die Tür. Ein Volk ist das. Sitten sind das.

Die Gruppe löst sich auf.

41 Flucht

Dunant kommt von links. Der 2. Bürger kommt eilig die rechte Seitentreppe herab. Sie treffen sich in der Mitte der Bühne vor der Barrikade.

2. BÜRGER Dunant, Dunant, ich such Sie überall. Sie müssen mir helfen. Helfen Sie um Gottes willen.

DUNANT Ah Monsieur, wie schön, daß Sie noch da sind. Ich bin in größter Sorge, ganz Paris wird in Flammen aufgehen, dann können diese Unglücklichen allenfalls noch flüchten, aber sie werden auf der Suche nach einer Unterkunft und einem Stück Brot halbtot umfallen und vor Hunger sterben, ein Bild der Verzweiflung.

2. BÜRGER Hören Sie mir mit Ihren Verzweiflungsbildern auf.

DUNANT Man muß für die Flüchtlinge ein großes Lager außerhalb von Paris errichten. Ich habe schon mit den Deutschen gesprochen. Sie werden Baracken und Zelte liefern.

2. BÜRGER Und der liebe Gott wird amen sagen.

DUNANT Aber man muß die Bevölkerung doch in Sicherheit bringen.

2. BÜRGER Bevölkerung! Sie gehören wohl auch schon zu diesem Volk da.

DUNANT Es gibt sicher wüste Kerle unter ihnen. Und diese Art radikaljakobinischen Gleichheitsdenkens ist mir immer ein Greuel gewesen. Aber diese Leute gingen aus den langen Jahren der Korruption unter dem Empire und aus dem Elend der Belagerung hervor. Während diejenigen, die diesen Krieg befohlen haben, noch stolz darauf sind und sich rühmen. Sie glauben, ihre heilige Pflicht zu tun, indem sie alle, die der Commune angehören oder auch nur Sympathisanten sind, erschießen lassen.

2. BÜRGER So. Nun hören Sie mir mal zu, mein Lieber. Jetzt werden Sie erstmal mich in Sicherheit bringen. Sie sind es schließlich, der mich dazu veranlaßt hat, in dieses Rote Kreuz einzutreten. Geben Sie mir Ihren Schweizer Paß. Damit kommt man noch heraus.

DUNANT Mein Paß. Der ist unterwegs mit einem anderen Herrn, der auch herauswollte. Ich bekomme ihn erst heute abend zurück.

2. BÜRGER Und ich? Was mach ich?

DUNANT Ich kann Ihnen einen italienischen Paß besorgen.

2. BÜRGER Dann schnell, schnell, um vier fährt der Zug vom Nordbahnhof.

DUNANT Aber was wird denn nun aus der Hilfsgesellschaft, die wir gegründet haben?

2. BÜRGER Was weiß ich. Aufgelöst.

DUNANT Als die Deutschen noch eine Gefahr waren, drängelte man sich geradezu hinein.

2. BÜRGER Die Zeiten ändern sich.

DUNANT Und die Kosten? Wer bezahlt das alles? Die hunderttausend Exemplare unserer Broschüre, die Verbandspäckchen, die Erkennungsschilder, Büromaterial, Kopien, Frankierungen, mehr als achttausend Francs. Soll ich das jetzt alles bezahlen? Ich erhielt keine Entschädigung für die Arbeit, die ich Tag und Nacht leistete. Ich wäre vor Hunger gestorben, ohne die Hilfe fremder Menschen. All die Jahre tat das Rote Kreuz so, als wüßte es nichts von meiner Not, während ich in schwärzester Armut lebte. Bei Kriegsausbruch hat man mir nicht einmal den niedersten Posten in den Büros der Gesellschaft angeboten, die vor lauter Personal überliefen.

2. BÜRGER Wenn ich mich recht entsinne, haben Sie am Sitz der Gesellschaft ein Zimmer bekommen.

DUNANT Als Schutz gegen die Deutschen, vor deren Einmarsch man Angst hatte.

2. BÜRGER An der Lieferung ihrer Verbandspäckchen waren Sie ja wohl auch nicht so uninteressiert.

DUNANT Ja, ja, aber man muß doch leben, und leben kann man nur, wenn man Geschäfte macht, und die Geschäfte – das ist doch alles kein Leben. Tutti fratelli.

2. BÜRGER Was?

DUNANT Tutti fratelli.

2. BÜRGER Ja, ich weiß, ich weiß, Sie haben es gesagt. Es klingt wirklich sehr schön.

DUNANT Damals in Solferino haben es alle verstanden. Alle.

2. BÜRGER Damals in Solferino ist lang her. Hier sind wir in Paris.

DUNANT Alles Brüder.

2. BÜRGER Ja. Wir sind alle Brüder. Natürlich. Selbstverständlich. Aber ich bin nicht Ihr Bruder, und der Kerl da hinter der Barrikade ist nicht mein Bruder. Das ist der Unterschied. Sie mit Ihren Utopien. Wissen Sie, was Sie sind? Ein pathologischer Weltverbesserer, ein Phantast, ein Querulant, der die Vernünftigen für verrückt hält und selbst verrückt ist.

Er geht eilig ab.

DUNANT *schreit hinterher* Wenn Sie jemals einen Nachruf auf mich schreiben, so schreiben Sie, daß es wohl nur wenige Menschen gab, die unter der Bosheit ihrer Feinde, unter Eifersucht und Neid, unter Dummheit und Feigheit so gelitten haben wie ich. Diese Heuchler ohne vornehme Regungen, Verkünder von Schmähungen, die der Haß erfunden hat, die den Nächsten nach sich selbst beurteilen, die die besten Absichten, die edelsten Gedanken verfälschen, Lügner, welche andere der Lüge bezichtigen. Schreiben Sie das. Und schreiben Sie, ich wurde das Opfer jener, die mich betrogen, der ich niemals einen Menschen betrügen wollte. Ich habe von Entbehrungen gelebt, das ärmlichste, zurückgezogenste Dasein geführt und Hunger gelitten, aber man hat alles getan, mich zu verleumden und zu verdächtigen. Jahre hindurch hat man erklärt, ich sei gar nicht Dunant. Man hat mir Verbrechen zur Last gelegt, wohlmeinende Leute gegen mich aufgehetzt, mich lächerlich gemacht, belästigt, erniedrigt, beleidigt. – Das sind die Gedanken, die mir jede Nacht den Schlaf rauben, und ich hätte noch so vieles zu sagen.

I. BÜRGER *kommt von rechts* Da sind Sie ja, Sie, Sie, Sie –

DUNANT Sind Sie auch noch da?

I. BÜRGER Sie haben mir keinen Paß beschafft. Sie haben versprochen, mir Ihren Paß –

DUNANT Ich hab nur einen Paß und auf dem reist ganz Paris.

I. BÜRGER Und ich? Was mach ich?

DUNANT Und was mach ich mit der leeren Kasse vom Hilfskomitee?

I. BÜRGER Daß Sie in einem solchen Moment von Geld reden können. *Will ab, kommt aber wieder zurück und brüllt* Sagen Sie diesen Herren von der Commune –

DUNANT Schreien Sie doch nicht so. Wenn man das hört.

I. BÜRGER *leise* Sagen Sie diesen Herren von der Commune, daß ich nach Paris zurückkehren werde. Sagen Sie ihnen, wir werden zurückkehren.

Er geht eilig ab. Dunant läuft hinterher.

Sascha und ein Nationalgardist, jeder mit einem Gewehr in der Hand, steigen über die linke Seitentreppe auf die Empore. Sie treffen dort auf einen sich langweilenden Börsianer.

SASCHA Was ist das hier?
BÖRSIANER Die Börse.
SASCHA Ich dachte Notre-Dame.
BÖRSIANER Man verwechselt es leicht.
SASCHA Was machen Sie hier?
BÖRSIANER Geschäfte.
SASCHA Gehen sie gut, die Geschäfte?
BÖRSIANER Danke der Nachfrage. Zur Zeit etwas ruhig. Aber die Kurse sind stabil. Ich denke, sie werden sich bald wieder beleben.
SASCHA Wenn wir tot sind.
BÖRSIANER Soll und Haben. Des einen Leiche ist des anderen Gewinn.
SASCHA Ihre Leiche wär für uns kein Gewinn.
BÖRSIANER Und was wollen Sie dann hier, Monsieur, Sie werden ja wohl kaum an Aktien oder Staatsanleihen interessiert sein. Oder irre ich mich da?
SASCHA Wir sind eher an Menschlichkeit und Gerechtigkeit interessiert.
BÖRSIANER Dacht ichs mir. Welch schöne Zeit für Sie. Welch einmalige Gelegenheit für die Unterdrückten, ihre Unterdrücker zu erledigen, die Eigentümer zu enteignen und ihre Köpfe rollen zu lassen, zum krönenden Abschluß der Geschichte.
SASCHA Wir sind keine Räuberbande. Es ist alles legal und rechtmäßig.
BÖRSIANER Das stimmt, ist aber ein Fehler.
SASCHA Wir haben den Bürgerkrieg nicht eröffnet.
BÖRSIANER Das stimmt, war aber ein Fehler.
SASCHA Was das Staatseigentum betrifft, die Commune hat als ordentliche Regierung eine genaue Abrechnung der öffentlichen Finanzen vorgelegt, mit einem Einnahmeüberschuß.
BÖRSIANER Das stimmt, war aber auch ein Fehler.
SASCHA Und was Ihr Privateigentum betrifft, die reichsten wie die ärmsten Geschäfte sind geöffnet, vom Juwelier bis zum Trödler, und die geschlossenen Läden blieben geschlossen und wurden nicht aufgebrochen.

BÖRSIANER Das stimmt, ist aber trotzdem ein Fehler.

SASCHA Und was das Eigentum an Ihren Köpfen betrifft, da die Guillotine von der Commune feierlich verbrannt worden ist, so wäre es schwierig, einen Kopf rollen zu lassen. Es handelt sich nicht darum, Köpfe abzuschneiden, sondern darum, die Köpfe mit dem Licht der Einsicht zu erfüllen. Aber sicher ist das auch wieder ein Fehler.

BÖRSIANER Falls Sie die Macht wollen.

SASCHA Einfache Arbeiter, die gestern noch kein Mensch kannte, haben den Beweis ihrer Uneigennützigkeit erbracht. Kaum zur Macht gelangt, haben Sie das Volk von Paris zusammengerufen, damit es eine Regierung wählt. Angesichts dieser demokratischen Haltung fragt man sich, welches Maß von Ungerechtigkeit nötig ist, um diese Männer zu beschimpfen und zu verleumden. Warum widersetzen sich die Bürger mit allen Mitteln der Entwicklung? Warum gefährden sie lieber alle menschlichen Errungenschaften? Wenn die Bürger den Arbeitern ihre Freiheit gegeben hätten, wenn sie sie nicht gehindert hätten, ihre Rechte auszuüben und ihre Wünsche zu befriedigen, dann stünden wir nicht da, wo wir heute sind, und unser Unglück wäre vermieden worden. Die Arbeiter haben jetzt das Recht, ihre Angelegenheiten selbst in die Hand zu nehmen, und unter der regierenden Bourgeoisie kann niemand antworten: wir haben etwas für euch getan.

BÖRSIANER Proletarier aller Länder vereinigt euch.

SASCHA Sie haben sich doch schon vereinigt. Die Internationale des Bürgertums gedeiht doch prächtig. Das Geschäft ist international. Die Börsen sind international. Das Geld ist international. Und sogar die Polizei ist international. Die Internationale des Kapitals ist das pure Gold. Nur bei der Internationale der Arbeit sieht jeder gleich rot.

BÖRSIANER Wenn es Phantasien wären, Utopien, dann könnte man sich ernsthaft darüber unterhalten, aber so ist es Aufruhr. Wir wollen nur unser Recht, die Macht und die Ordnung. Sie wollen Gerechtigkeit, Menschlichkeit, Freiheit. Große Worte. Gut, wir benutzen sie zuweilen auch, aber wenn Sie und wir dasselbe tun, so ist es noch lange nicht dasselbe. Was der Macht erlaubt ist, ist der Gerechtigkeit verboten. Wir haben immer gesagt, diese Welt ist schlimm, die Menschen sind grausam, verlogen, habgierig. Also muß man durchgreifen. Sie wollen die neue Welt, die neue Zeit, den neuen Menschen. Wie gesagt, wenn es eine Utopie wäre, könnte man sich darüber unterhalten. Auch

Utopien müssen finanziert werden. Wir haben schon das Christentum finanziert. Es kümmert sich um die andere Welt und deckt unsere Fehltritte in dieser Welt mit dem Mantel der Nächstenliebe. Arbeitsteilung! Sie hingegen haben eine Idee von einer besseren Welt. Da dürfen Sie sich keinen Fehltritt leisten. Ihre Taten werden an Ihren Worten gemessen. Unsere Worte richten sich nach den jeweiligen Taten.

SASCHA Wenn wir gegen eure Angriffe mit Gewalt vorgehen, sind wir Mörder. Wenn wir für den Sieg der Freiheit kämpfen, sind wir Plünderer. Wenn wir wählen, ist es Revolution. Die Republik, die Freiheit, die Gleichheit, die Brüderlichkeit, tote Buchstaben. Aber Blut, Verwüstung und Gemetzel in allen Straßen, das ist Vaterland und Recht und Ordnung. Wenn Sie schießen –

BÖRSIANER Irrtum. Wir schießen nicht, mein Lieber, wir lassen schießen. Sehen Sie sich an. Ihre Hände sind blutig und Ihre Kleidung ist schwarz vom Pulver. Das ist schon rein äußerlich schlecht, da riecht man förmlich den Verbrecher. Sehen Sie mich an. Meine Weste ist weiß, meine Hände sind sauber. Sieht so ein Verbrecher aus? Wofür bezahlt man das Militär? Arbeitsteilung! Wir sind nur beteiligt. Als Bürger an der Gesellschaft. Als Aktionär am Kapital. Als Mensch an einer Kapitalgesellschaft, der herrlichsten aller Welten. Als Aktionär haften wir nur mit unserer Einlage. Als Bürger bürgen wir für nichts. Als Mensch bedauern wir die Zustände. Diese Logik schneidet schärfer als die Guillotine.

NATIONALGARDIST *kommt hinzu* Soll ich ihn umlegen?

SASCHA Du spinnst wohl.

NATIONALGARDIST Er ist doch beteiligt.

SASCHA Die sind alle nur beteiligt. Selbst tun sie nie was.

BÖRSIANER Sie wollen doch die Gerechtigkeit?

NATIONALGARDIST Natürlich.

BÖRSIANER Dann dürfen Sie mich nicht erschießen. Ich habe schließlich nichts getan.

NATIONALGARDIST Und wer hat nun überhaupt etwas getan? Wer hat denn schuld an dieser ganzen verfluchten Scheiße?

SASCHA Alle zusammen, aber keiner allein. Das ist so wie früher mit Gott. Versuch mal, Gott mit deiner Flinte zu erledigen.

NATIONALGARDIST Da soll einer klug draus werden. Gehen wir jetzt hier in Stellung?

SASCHA Willst du die Börse verteidigen?
NATIONALGARDIST Scheiße.
Er geht ab.
SASCHA *drückt dem Börsianer sein Gewehr in die Hand.*
BÖRSIANER Was soll das?
SASCHA Einmalige Gelegenheit. Schießen Sie. Tun Sie was. Einmal im Leben. Legen Sie mich um.
BÖRSIANER *läßt das Gewehr fallen* Wofür halten Sie mich? Für einen Mörder?
SASCHA Sie sollten mir nur einen Gefallen tun. Schade.
Er hebt das Gewehr auf und geht ab.
BÖRSIANER *ruft ihm nach* Warten Sie nur ab. Sie werden schon sehen. Die Zeit wird noch kommen. Sie halten den Fortschritt nicht auf. Und die Zivilisation schon gar nicht. Auch aus Ihnen wird man noch Eigentümer machen. Und Aktionäre. Volksaktionäre. *Er ruft* Staatsanleihen, hier Staatsanleihen, hier Geld, zahle jeden Kurs, Staatsanleihen, Staatsanleihen, Geld, Geld –
Er geht ab.

43 Hotel

Dunant und der Hotelier gehen, von der Empore kommend, die Haupttreppe herab bis zum Zwischenpodest. Zwei Kellner nehmen die dort hängende rote Fahne ab und hängen rechts und links eine Schweizer Fahne und eine Rot-Kreuz-Fahne auf.

HOTELIER Monsieur le Président, das Hôtel de la Ville de Paris beehrt sich, seinen Ehrengast – bitte hier – wenn Sie geruhen wollen näherzutreten. Das schönste Zimmer des Hotels mit Balkon. Das Personal hat zwei Fahnen angefertigt, weiß mit rotem Kreuz, rot mit weißem Kreuz, und am Balkon angebracht. Würde Ihnen das Zimmer konvenieren?
DUNANT Ja doch, sehr schön.
HOTELIER Das freut mich persönlich.
DUNANT Dem Zimmer nach zu urteilen, sind die Communarden gefährlicher als die Preußen.
HOTELIER Wie meinen?

DUNANT Das ist jetzt geradezu ein Glück für mich, dieser Bürgerkrieg. Nach dem Krieg, als Sie keine Angst mehr vor den Preußen hatten, da wollten Sie mich doch aus meiner Dachstube hinauswerfen, oder?

HOTELIER Ein Irrtum der Réception, Monsieur le Président.

DUNANT Krieg und Frieden.

HOTELIER Ein Unterschied, ein gewaltiger Unterschied, wie ich immer sage.

DUNANT Ja. Zwischen Federbett und einer Bank im Bahnhofswartesaal. Zwischen einem Dîner und einem verschimmelten Brot aus dem Abfalleimer. Da müßte wohl immer Krieg sein, wenn es mir gutgehen sollte.

HOTELIER Falls Monsieur le Président einen Wunsch haben, brauchen Monsieur le Président nur zu läuten. Das Hôtel de la Ville de Paris steht zu Ihrer Verfügung. Wir sind sehr stolz, Sie höchstpersönlich bei uns zu haben und wollen, daß es Ihnen an nichts fehle.

DUNANT *zeigt auf die Rotkreuzfahne* Diese Fahne wird viel zu oft ausgehängt. Man könnte glauben, ganz Paris ist eine Ambulanz. Jeder trägt das Rote Kreuz, am Arm, am Hut, auf der Brust. Man hat es am Wagen und an den Pferden. Alle Häuser von Paris behängen sich mit der Fahne des Roten Kreuzes.

HOTELIER In meinem Haus trägt jeder das Rote Kreuz. Strikte Anordnung. Wir sind ein Lazarett-Grand-Hôtel. Unsere Hausordnung ist die Genfer Konvention. Ein unantastbares Asyl. Monsieur le Président ist in seiner anerkannten Eigenschaft als Gründer des Roten Kreuzes und Förderer der Genfer Konvention unverletzlich und infolgedessen auch mein Hotel. Ob Commune oder Versailles, hier wohnt der Herr, dem wir die Humanität verdanken. Bitte in diesem Sessel Platz zu nehmen. So.

DUNANT *setzt sich* Der Schutzheilige des Hauses. Garant Ihrer Gäste. Retter Ihrer Möbel. Förderer des Umsatzes. Schildwache des Eigentums.

HOTELIER Glauben Sie, daß die Fahnen groß genug sind? Man weiß ja nie, diese Hundesöhne aus Versailles sind imstande und richten ihre Kanonen auf mein Hotel, und die Communarden bringen es fertig und nisten sich hier am Ende noch ein. Schweizer müßte man sein und beim Roten Kreuz – als Hotelier.

DUNANT Wenn Sie einen Rat wollen, lassen Sie Papierstreifen auf die großen Spiegel in den Salons kleben, und zwar kreuzweise. Bei den ersten Kanonenschüssen werden zwar die Fensterscheiben zersplittern, aber Ihre Spiegel werden unversehrt bleiben.

HOTELIER Monsieur le Président, ich danke Ihnen. Ihre Erfahrung ist unbezahlbar. Zeitungen gefällig? Hier, der Daily Telegraph. *Er liest vor* »Henry Dunant, der Schöpfer der Genfer Konvention und des Roten Kreuzes, ist hier, um die Frauen und Kinder von Paris vor der Feuersbrunst zu retten, die entweder der Beschießung durch Versailles oder den Verteidigungsmaßnahmen der Commune folgen wird. Herr Dunant befindet sich als Schweizer und in seiner allgemein anerkannten humanitären Stellung in der glücklichen Lage, mit allen Parteien verhandeln zu können.« Sie haben eine gute Presse, Monsieur.

DUNANT Ja. Wenn ich schweige.

HOTELIER Drüben auf dem Dach, das sind die Versailler. Da unten, hinter der Barrikade, stecken die Communarden. Ja, da wird man was zu sehen bekommen. Und falls Sie sich langweilen, hier ein guter Kriminalroman, sehr empfehlenswert. Die Dame in Weiß.

DUNANT In Solferino nannte man mich der Herr in Weiß.

HOTELIER Dann lesen Sie jetzt Die Dame in Weiß. Meine Empfehlung, Monsieur le Président.

Er geht ab. Dunant sitzt in einem großen Sessel zwischen den beiden Fahnen und liest in dem Buch.

44 Barrikade

Louise und Jeannot tragen Pflastersteine herbei und bauen an der Barrikade. Der erste Bürger schaut aus gehöriger Entfernung zu.

LOUISE *dreht sich nach einer Weile um* Und du wirst so nett sein, hier bald zu verschwinden.

JEANNOT Aber Louise, der Herr will Pflastersteine tragen. Nicht wahr, mein Herr, Sie werden wohl die Freundlichkeit haben, die Steine, die dort an der Ecke liegen, herbeizutragen.

1. BÜRGER Ich?

LOUISE Ja, Sie.

1. BÜRGER Pflastersteine?

JEANNOT Wir sind zwar Arbeiter, aber wir können nicht alles alleine machen.

I. BÜRGER Aber – ich habe mich nie mit Politik beschäftigt.

JEANNOT Gerade darum. Vorwärts, Bürger, Hand angelegt für die Republik. Wir kämpfen schließlich für die Freiheit. Oder sind Sie gegen die Freiheit?

I. BÜRGER *trägt Pflastersteine herbei* Verstehen Sie mich nicht falsch. Ich würde auch auf die Barrikade – Aber ich habe Familie.

JEANNOT Ich habe auch Familie, und deshalb muß ich auf die Barrikade. Verstehn Sie mich richtig.

LOUISE Hier ist noch eine Lücke. Wo bleibt der Nachschub?

I. BÜRGER Sofort. *Er trägt noch einige Pflastersteine heran und entfernt sich dann unauffällig.*

JEANNOT Siehst du, das Volk erhält nur das, was es sich nimmt.

LOUISE Und das, was es sich schafft. Nicht wahr, Bürger?

Während sie Stein um Stein auf die Barrikade setzt, spricht sie im Rhythmus der Arbeit laut zu dem Bürger, ohne ihn zu beachten.

Die Guillotine wurde abgeschafft. Und die Trennung von Kirche und Staat beschlossen. Und weltliche Schulen eröffnet. Und Berufsschulen gegründet. Und Lesehallen eingerichtet. Und den Frauen eine Pension gewährt. Ob gesetzlich verheiratet oder nicht. Und kein Unterschied zwischen unehelichen und ehelichen Kindern. Und Genossenschaften in den Fabriken. Die Produzenten verfügen über ihre Produkte. Die Arbeit ist vom Zwang des Kapitals befreit. Und eine Berufsausbildung für Frauen. Eine Industrieberufsschule für junge Mädchen. Und dann die neuen Kindergärten. Ein Spielzimmer mit allem, was Kinder – Wo bleiben denn die Steine?

JEANNOT Dein Kavalier ist wohl verschwunden.

LOUISE Und morgen werden wir uns versammeln, um eine Gewerkschaft der Frauen zu bilden.

JEANNOT Morgen?

LOUISE Morgen. *Sie klettert auf die Barrikade* Gut so?

JEANNOT *begutachtet die Barrikade* Ich hab schon andere Meisterwerke gesehen. Aber wir wollen ja keinen Schönheitspreis. 1830 konnte man noch Barrikaden bauen. 48 war es schon nicht mehr so. Die Massenproduktion geht auf die Qualität.

LOUISE Gib mir den Rosenstock.

JEANNOT *holt einen Rosenstock* Ohne die Rose tun wirs nicht. Da fangen wir gar nicht erst an.

LOUISE *stellt den Rosenstock auf die Barrikade und schaut sich dann um. Während*

ihrer Rede sehr helles Licht auf die Barrikade Alles still und ruhig. Die Luft ist mild, die Sonne scheint, überall blüht es in den Gärten. Von hier oben kann man die Seine sehen, ganz silbrig. Alles ist so hell, so voll Licht. Revolution, weißt du, ich denk mir, das ist die Natur, das Leben, die Menschen, die Liebe, eben alles. Bewegung und Leben statt Stillstand und Tod. Das wird nie enden, das wird immer weitergehen. Das Licht wird siegen. Wissen und Verstehen statt Ignoranz und Dummheit. Und kein Unterschied mehr zwischen den Menschen. Eine völlig neue Welt. – Die da oben können mir leid tun.
Sie klettern beide über die Barrikade und verschwinden dahinter.

45 Todesurteil

Der Würdige Herr steht in Trauerkleidung auf der Empore über der Haupttreppe. Während seiner Rede versinkt die Barrikade langsam im Dunkeln. Es ist still.

WÜRDIGER HERR Was immer ihr auch tut, ihr müßt sterben. Wenn ihr die Waffen in die Hände nehmt, ihr müßt sterben. Wenn ihr die Waffen abliefert, ihr müßt sterben. Ob ihr dreinschlagt oder um Gnade fleht, ihr müßt sterben. Ihr steht außerhalb aller Gesetze, außerhalb der Menschlichkeit. Tötet diese Wölfe samt ihren Wölfinnen und ihrer Brut. Keine Gefangenen, kein Pardon. Feuer!
Er bleibt im Halbdunkel stehen.

46 Schlachtfeld

Die Bühne verdunkelt sich rasch. Dunant auf dem Zwischenpodest, fast im Dunkeln sitzend. Stille.

DUNANT Die Nacht war heiter und angenehm, es ging kein Wind, es erhob sich kein Lüftchen. Die Flammen, die Funkengarben, die Feuersäulen stiegen steil und gerade empor in dieser schönen Sternennacht, vor diesem wolkenlosen, tief azurblauen Himmel. Eine riesige Feuersäule, senkrecht aufsteigend, aus einem flammenden Rot. Ich verharrte in stummer Andacht voll Trauer vor dieser Katastrophe.

47 Standgericht

Licht auf der ganzen Bühne. Starker Lärm. Die beiden Fahnen fallen herab. Dunant und Würdiger Herr gehen ab. Hinter der Barrikade in regelmäßigen Abständen Schüsse. Auf der Empore hinter der Barrikade drängen sich Bürgerinnen und Bürger und schauen den Erschießungen zu. – Gewehrsalve, Beifall.

3. BÜRGER Bravo Bravo Bravo.

1. BÜRGER 42 bisher. Nur in unserer Straße.

2. BÜRGER Da kommt ein neuer Zug.

3. BÜRGER Bringt sie um. Bringt sie um. Nicht weiter mit ihnen. Hier auf der Stelle. Hier.

STIMME HINTER DER BARRIKADE Es lebe die Commune.

3. BÜRGER Tötet sie. Zum Tod mit diesem Pack. Erschießt sie. Erschießt sie hier. *Gewehrsalve. Beifall.* Bravo Bravo Bravo.

1. BÜRGER Das waren 6, macht 48.

1. BÜRGERIN Man spricht ja sogar von giftigen Flüssigkeiten zum Vergiften der Soldaten.

2. BÜRGERIN Minenkammern in der Kanalisation mit bereitgehaltenen Zündfäden.

1. BÜRGERIN Achttausend Petroleusen, und die Häuser sollten durch einen Stempel für die Feuersbrunst bezeichnet werden.

2. BÜRGERIN Petroleumpumpen, Injektionen, Giftkugeln.

1. BÜRGERIN Geröstete Gendarmen, gehenkte Offiziere.

2. BÜRGERIN Geschändete Frauen, Requisitionen öffentlicher Mädchen.

3. BÜRGER Wie der da steht. Wie der da steht. Stehst du gut, ja? Nimm die Hände aus den Taschen, du Lump. Dir wird gleich was ganz anderes stehen. *Gelächter* Er soll sterben. Jawohl, der da. *Gewehrsalve. Beifall.* Wie er zappelt. Wie er zappelt. Schaut euch das an. Zu komisch. Wie der zappelt. Einen Schuß ins Ohr. *Schuß.* So, jetzt rührt er sich nicht mehr.

1. BÜRGER 49. Hast du was? Dir wird doch nicht etwa schlecht?

3. BÜRGERIN Es ist genug. Aufhören. Aufhören.

1. BÜRGER Wirst du wohl den Mund halten. Du bist schneller da unten, als du denkst.

3. BÜRGER Ah Vater und Sohn, Mutter und Tochter, die ganze Familie. Wie hübsch. Eine Idylle. Na ihr Feiglinge. Habt ihr Angst? Die Welt verändern, was, und sich dann die Hose vollmachen. Zum Schluß soll

es ja nochmal sehr schön sein. *Gelächter.* Na schießt doch schon. Los. Los. Schießt doch endlich. *Gewehrsalve. Beifall.* Hin sind sie. Hin.

1. BÜRGER 53.

2. BÜRGER Ich überleg gerade, ob ich nicht einen meiner Gläubiger – wenigstens einen sollte man liquidieren, das erhöht immer gleich die Liquidität, wenn einer dran glauben muß. *Gelächter.*

3. BÜRGER Da kommen neue. Da kommen neue. Hier erschießen. Nicht da hinten. Die sind imstande und bringen sie um die Ecke. *Gelächter* Hierher. Hierher.

3. BÜRGERIN Das sind doch Kinder. Kaum 12 oder 10.

3. BÜRGER Tötet sie. Tötet sie. Sonst werden es später Aufrührer.

3. BÜRGERIN Kinder. Der da ist höchstens 6.

3. BÜRGER Nichts da. Dieser Banditensohn muß wie ein Verbrecher behandelt werden. Er verdient nichts als den Tod. *Gewehrsalve. Beifall.* Bravo. Bravo. Aus und vorbei. Man muß sie zertreten wie Vipern. Sie hassen nämlich die Gesellschaft.

1. BÜRGER 1 2 3 4 5, macht 58.

3. BÜRGER Ah, Nachschub.

2. BÜRGER Der war doch gar nicht bei der Commune.

3. BÜRGER Er soll niederknien und die Gesellschaft um Verzeihung bitten für alles, was er ihr angetan hat. Niederknien. Auf die Knie.

2. BÜRGER Was hat er gerufen?

1. BÜRGER Es lebe die Menschlichkeit.

3. BÜRGER Dir werden wir die Menschlichkeit geben. *Gewehrsalve. Beifall.* Bravo. Bravo.

1. BÜRGER 59.

Vorne an einer Seitentreppe erscheint ein Offizier mit zwei Soldaten, alle drei sind blutverschmiert.

2. BÜRGER Ah, Wohlstand, Ordnung und Religion in Gestalt dreier herrlicher Soldaten.

1. BÜRGER *läuft nach vorne und die Seitentreppe herab* Bravo, meine Herren, bravo, ich gratuliere. Ein herrlicher Sieg.

OFFIZIER *zeigt auf die Barrikade* Abräumen!

1. BÜRGER Bitte?

OFFIZIER Los abräumen!

1. BÜRGER Aber meine Herren, ein Irrtum –

OFFIZIER Bürger, wollen Sie die Güte haben, diese Barrikade abzubauen.

1. BÜRGER Diese Barrikade? Aber ich habe doch –

OFFIZIER Sie wollen doch nicht etwa sagen, daß Sie die Barrikade aufgebaut haben.

1. BÜRGER Nein nein. Ich kümmere mich nie um Politik.

OFFIZIER Ebendrum. Trag die Pflastersteine dorthin, wo sie hingehören, du Scheißer.

1. BÜRGER Wie Sie befehlen. Aber schließlich –

OFFIZIER Schließlich haben wir dich befreit. Oder bist du gegen die Freiheit?

1. BÜRGER Nein nein. Es lebe die Freiheit.

DIE BÜRGER *auf der Empore* Nach Versailles. Nach Versailles. Auf nach Versailles. Auf nach Versailles.

Alle gehen eilig ab. Die Soldaten gehen ebenfalls ab. Der 1. Bürger schaut sich vorsichtig um und läuft dann weg.

48 Revolutionäre

Louise kommt von links, Dunant von rechts. Sie setzen sich auf einen Steinhaufen vor der Barrikade. Stille.

DUNANT

Ein Lamm löschte an einem Bach seinen Durst.
Ein Wolf, der direkt an der Quelle trank,
Rief wütend und voller Gier,
Wer erlaubte dir, mein Wasser zu trüben,
Wer so frevelt, der muß es büßen.
Das Lamm sank ängstlich in die Knie und sprach,
Herr, ich trank weit unterhalb von Eurem Platz,
Und da das Wasser doch talwärts läuft,
Ist dort an Eurer Stelle
Das Wasser völlig ungetrübt.
Du trübst es trotzdem, rief der Wolf,
Auch weiß ich, daß du vor einem Jahr
Mir Übles nachgeredet hast.
Vor einem Jahr, antwortet das Lamm,
War ich noch nicht geboren.
Dann war es dein Bruder.
Ich habe keinen.

Dann war es ein anderer aus deiner Sippschaft.
Ihr denkt nur immer schlecht von mir,
Du und deine ganze Bande.
Man hat es mir schon oft gesagt,
Und weil ihr mich immer nur gekränkt
Und nicht mal mein klares Wasser mir gönnt,
So seid ihr allesamt Verbrecher,
Gegen die man sich halt wehren muß.
Und er griff das Lamm,
Schleppte es zum Wald
Und fraß es,
Ohne Recht und Richter.

LOUISE Jeannot hat gern gekämpft. Es hat ihm direkt Spaß gemacht, auf einer Barrikade zu sitzen. Pépère war da anders. Er tat seine Pflicht und sprach nicht viel darüber. Er fand, es war Zeit für Gerechtigkeit, und da nahm er auch ein Gewehr, wenn es sein mußte. Aber Sascha hätte eigentlich nicht mehr kämpfen brauchen. Er konnte die Bücher drukken. Es wäre nicht nötig gewesen, daß auch er noch – wirklich nicht nötig. Das ist so schrecklich alles und nicht zu verstehen. Sie schonten nicht die Verwundeten in den Lazaretten. Sie schonten nicht die Frauen, die Kinder, die Greise, nichts und niemanden. Es gibt Straßen, in denen nur noch alte Frauen wohnen.

DUNANT Wieviel vergossenes Blut, wieviel Schrecken und Haß für die Zukunft. Man hätte es vermeiden können mit etwas mehr Großzügigkeit und Herz. Man sagt, den Communarden mangelte es an moralischer Gesinnung. Aber denen, die für diese Unterdrückung verantwortlich sind und die sich darin gefallen zu behaupten, sie würden »die moralische Ordnung« wiederherstellen, fehlt es mehr an moralischer Gesinnung als den abstoßenden Communarden. Die Feigheit, Heuchelei und Grausamkeit dieser Bourgeoisie sind ebenso extrem wie ihre Habgier, ihre Machenschaften und ihre Dummheit. Diese Bourgeoisie mit ihrem honigsüßen Gerede und ihren gehässigen Denunziationen. Diese konservativen Ladenbesitzer, diese kleinen raffgierigen Bürger waren am emsigsten, als es darum ging zu denunzieren, zu verleumden, all jene zu fassen, die mehr oder weniger direkt am Aufstand teilgenommen hatten oder auch nur als Sympathisanten verdächtigt wurden. Meiner Ansicht nach gibt es keinen großen Unterschied zwischen den Aufständischen von 1830, die so sehr verherrlicht und besungen wurden von denselben Bürgern, und vor allem nicht zwischen den Revolutionären von 1848 und den Leuten der Commune. Es handelt sich um das gleiche Pariser Volk, die gleiche rasende Begeisterung, die gleichen Verirrungen. Wem das mißfällt, dem kann ich nicht helfen. Man gestatte mir, offen zu sein. Ich bemühe mich, gerecht und unparteiisch in meinem Urteil zu sein, zu sagen, was ich gesehen und gehört habe. Diese Männer aus dem Volk und ihre Frauen kämpfen mit der Kraft der Verzweiflung, ihrer Fahne treu, die sie die Fahne der Freiheit nennen. Einst war es die Trikolore. Und man macht ihnen einen gnadenlosen Krieg, unversöhnlich, einen regelrechten Ausrottungskrieg mit all seinen Schrecken, es muß gesagt sein, denn es ist die Wahrheit. Sicher, das Geiseldekret der Commune ist ebenso häßlich wie verbrecherisch. Aber es ist das Werk einiger weniger Männer, einer kleinen Zahl. Warum dafür diese hunderttausend Unglücklichen verantwortlich machen und sie in die Deportation schicken.

LOUISE Die Erschießung der Geiseln geschah durch Freiwillige, die ihre ermordeten Familienmitglieder rächen wollten. Sie verlangten Gerechtigkeit.

DUNANT

Wie es dieses Leben lehrt,
Das Recht des Stärkeren ist am meisten wert!
Gerechtigkeit ist der Narren Lohn.

LOUISE Gerechtigkeit ohne Macht. Diese Dinge sind zu einfach und zu nahe, als daß nicht jeder sie noch im Gedächtnis hätte. Auf der Seine sieht man eine lange Blutspur, die mit dem Strom dahinzieht und unter den Brücken hindurchfließt. Diese Blutspur hört nicht auf. Wir werden nicht um Amnestie bitten müssen. Wir werden ihnen Amnestie gewähren müssen. Ihr seid die Gefangenen, Verfolger und Mörder euresgleichen. Ihr werdet euch nicht entgehen. Euer Prozeß wird Jahre dauern. Ihr werdet nicht vor die Kriegsgerichte geführt. Das Gericht der Menschlichkeit reicht aus, euch zu richten. Ihr habt uns in Dunkelheit gehalten. Wir verurteilen euch zum Licht. Ihr habt uns zum Tode verurteilt, wir verurteilen euch zum Leben.

Links erscheint der Offizier mit den beiden Soldaten. Louise geht auf sie zu und ruft Die Commune lebt!

Sie wird von den beiden Soldaten schweigend unter die Empore abgeführt. Der Offizier geht hinterher und zieht dabei seinen Revolver heraus. Dunant ist allein auf der Bühne. Es ist still. Ein Schuß fällt. Dunant bleibt noch eine Weile schweigend sitzen, dann steht er auf und geht nach rechts ab.

49 Sommerfest in Versailles

Die Barrikade verschwindet rasch. Der Raum unter der Empore ist vollständig vergittert. Hinter den Gittern, im Dunkeln kaum wahrnehmbar, stehen und liegen gefangene Communarden. Musik ertönt. Auf der Bühne entwickelt sich ein prachtvoller und eleganter Ball der Bürger.

DAVID Tote?

MORNAI Zwanzigtausend.

GENERAL *wieder in Uniform* Der Sieg der Gesetze.

DAVID Zwanzigtausend?

BISCHOF *wieder in Uniform* Ja, aber es sind auch dreiundsechzig Geiseln umgekommen. Das wollen wir doch mal nicht vergessen.

DAVID Gefangene?

MORNAI An die hunderttausend. So genau zählt man das nicht.

DAVID Deportation?

MORNAI Die meisten.

SCHNYDER Gut, daß es Versailles gibt. In Paris ist man ja seines Lebens nicht mehr sicher.

1. BÜRGER Lesen Sie den Siècle! *Er liest vor.* »Es herrscht eine allgemeine Tobsucht. Man unterscheidet den Gerechten nicht mehr vom Ungerechten, den Unschuldigen nicht mehr vom Schuldigen. Das Leben der Bürger wiegt nicht schwerer als ein Haar. Eines Ausrufs, eines Wortes wegen wird man verhaftet und erschossen.«

2. BÜRGERIN Myriaden Fliegen sitzen auf den verwesenden Leichen. Die Straßen liegen voll toter Vögel. Auf den Boulevards starren die Leichen einen mit ihren offenen Augen an.

3. BÜRGERIN In den Parks und Gärten wachsen Füße und Hände aus der Erde. Man sieht die Gesichter der Leichen.

2. BÜRGER Sie kommen aus dem Boden zurück. Aus den Seen, aus der Seine, überall kommen sie wieder hoch.

DAVID Beruhigen Sie sich, meine Herrschaften, in den öffentlichen Anlagen werden bald wieder die Kinder spielen, in den Straßen werden bald wieder sorglose Menschen bummeln.

GENERAL Wir tun, was wir können. Möbelwagen und Omnibusse schaffen die Kadaver fort. Aber die Vernichtung einer solchen Menge von Leichen übersteigt alle Kräfte. Man verbrannte sie in den Kasematten, aber aus Mangel an Luftzug wurde das Fleisch nur zu Brei verkocht.

Deshalb werden sie jetzt auf den Hügeln aufgeschichtet, mit Petroleum übergossen und unter freiem Himmel verbrannt.

1. BÜRGER Und über Paris liegt ein ekelerregender Qualm.

2. BÜRGER *liest vor* Der Moniteur schreibt: »Nicht einer jener Übeltäter, in deren Händen sich Paris zwei Monate lang befand, wird als politischer Verbrecher betrachtet werden. Man wird sie wie Straßenräuber behandeln, die sie auch sind, die abscheulichsten Ungeheuer in der Geschichte der Menschheit.«

1. BÜRGER Der Figaro ist grundsätzlicher Meinung. *Er liest vor.* »Die Pariser müssen die Gesetze des Krieges hinnehmen, so schrecklich sie auch sein mögen. Milde wäre Wahnsinn. Was ist ein Republikaner? Ein wildes Tier. Vorwärts, ehrliche Leute, legt Hand an, helft, Schluß zu machen mit dem demokratischen und sozialen Geschmeiß, dem internationalen Ungeziefer, das zertreten werden muß.«

DAVID Haben Sie einen von den Delegierten der Commune gesehen?

GENERAL Varlin hab ich gesehen. Varlin. Charakterkopf. Das heißt, was von ihm übrig war. Sein Kopf war von den Säbeln ganz zerhackt, nur noch ein blutiger Fleischklumpen, das Auge hing aus der Höhle heraus, als er beim Generalstab ankam, mußte man ihn tragen. Man setzte ihn nieder, um ihn zu erschießen. Varlin. Was in so einem Kopf wohl vor sich geht. *Er stochert mit seiner Stiefelspitze auf dem Boden herum* Sehen Sie, hier liegt noch Gehirn. Von den Exekutionen heute morgen. Damit dachten sie. Erstaunlich. So ein bißchen graue Flüssigkeit und gleich solche Ideen. Ist das wohl zu verstehen? Was in so einem Gehirn steckt. Was da alles entsteht. Unglaublich. Und da liegt es nun.

MORNAI Ja, da liegt es nun.

SCHNYDER Naja.

1. BÜRGERIN Zeigen Sie uns jetzt auch Ihre Gefangenen?

GENERAL Mit dem größten Vergnügen. Es ist mir eine Ehre. Hier Mesdames Messieurs, unsere Löwengrube. *Er führt einige Damen und Herren an den Gittern vorbei.* Sie da, Sie sehen intelligent aus, treten Sie vor, Sie waren also bei der Commune?

COMMUNARDE *hinter den Gittern* Ich nehme die Ehre in Anspruch. Ich war von meinen Mitbürgern gewählt, ich war auf den Barrikaden, und ich bedaure nur, nicht dort gefallen zu sein.

GENERAL Werd nicht ungeduldig, die Reihe kommt bald an dich.

3. BÜRGERIN *zu einer Communardin hinter dem Gitter* Madame, haben Sie über irgend etwas zu klagen?

COMMUNARDIN Nur, daß wir in einem Loch ohne Luft und Licht eingesperrt sind, Hundefutter bekommen, und aus den Pfützen unser eigenes Blut trinken.

GENERAL Deportation, lebenslänglich. He du! *Er winkt ein Kind hinter den Gittern heran.* Ein Kind der Commune! Hast du viele Schüsse abgefeuert?

KIND Ungefähr fünfzig.

1. BÜRGERIN Wie viele Kinder wart ihr?

KIND Drei.

2. BÜRGERIN Bist du verwundet worden?

KIND Ja, durch eine Kugel am Kopf.

3. BÜRGERIN Und wo sind deine Eltern?

KIND Erschossen.

GENERAL Und wo warst du?

KIND Auf der Barrikade.

GENERAL Auf der Barrikade. Was für wilde und ungezügelte Tiere. Wie Gott nur zulassen kann, daß Mütter solche Kinder gebären. Wenn man die Gefangenen sieht, so fühlt man sich unwillkürlich von Mitleid ergriffen. Man möge sich aber beruhigen bei dem Gedanken, daß sie gegen die höchsten Güter der Menschheit, Familie, Vaterland, Freiheit, Staat und Eigentum gefrevelt haben.

BISCHOF Sie scheinen zu glauben, daß sie für eine große Sache kämpfen. Was ihre Absicht betrifft, so können einige in gutem Glauben gehandelt haben, verwirrt durch Lehren aller Art, die sich ausdrücken in Worten wie Emanzipation der Arbeiterklasse, Krieg dem Kapital, Kampf den Unternehmern, alles Worte ohne Sinn, die aber den Arbeiter verführen.

SCHNYDER Ihre sorgsam verheimlichte Absicht ist, auf jegliche Arbeit zu verzichten. Nur so kann man den Zynismus erklären, mit dem sich diese Leute erschießen lassen. Wenn man sie erschießt, so sterben sie mit einer Unverschämtheit, die nur der Entschlossenheit entspringen kann, lieber das Leben zu lassen, als zu arbeiten. Das ist alles. Mehr ist nicht dahinter.

MORNAI Man darf das Volk nicht zum äußersten treiben. Lassen wir ihm sein Spielzeug, die Republik. Die Erfahrung hat Ihnen allen den Unterschied gezeigt, der zwischen einer Maschine besteht, die in gutem Zustand ist, und einer anderen, die schmutzig ist, die unnötige Reibungen aufweist und nach und nach unbrauchbar wird. Das gleiche gilt für die lebendigen und daher viel komplizierteren Maschinen. Ihre Verwendung wird wirtschaftlicher, wenn man sie reinlich hält, ihnen ausreichend Nahrung gibt und ihrer geistigen Tätigkeit unnötige Reibungen erspart. Es bestehen Zusammenhänge zwischen Maschinenwesen und Volksbildung. Die Industrie wird ein Arbeitsmechanismus durch schulmäßig erzogene Massen, nur dieser disziplinierte Normalmensch ist den Arbeitsbedingungen widerspruchslos anzupassen. Die Schule muß schon der Jugend die Überzeugung beibringen, daß die Lehren der Sozialisten nicht nur den göttlichen Geboten widersprechen, sondern in Wirklichkeit unausführbar und verderblich sind. Sie muß aufzeigen, wie wesentlich in diesem Jahrhundert die Lebensverhältnisse der arbeitenden Klassen sich verbessert haben.

DAVID Die Staatsrede.

Auf der Empore über der Haupttreppe erscheint der Würdige Herr in Frack und Zylinder. Er nimmt den Zylinder ab. Es wird ruhig.

WÜRDIGER HERR Bürgerinnen und Bürger. Der Kampf ist zu Ende. Das Ziel ist erreicht. Der Boden ist übersät mit Leichen. Dieser furchtbare Anblick wird ihnen eine Lehre sein. Wir sind nach Paris gekommen, in unseren Händen das Recht. Die Gerechtigkeit wird nach den Gesetzen ausgeübt. Das soll diese Wahnsinnigen lehren, daß man nicht ungestraft die Zivilisation herausfordert.

Man verlangt eine ernsthafte Untersuchung. Man möchte die wirklich Schuldigen sehen. Die Wahrheit! Man darf sich nicht täuschen, und man darf vor allem nicht nach Theorien suchen. Es ist eine Bande von Verbrechern, Mördern, Dieben und Brandstiftern, die wir vor Augen haben. Auch nur im entferntesten anzunehmen, daß sie unschuldig sind, um Achtung für sie zu fordern, würde eine schlechte Gesinnung bezeugen. Nein, tausendmal nein, das sind keine gewöhnlichen Angeklagten, die einen sind auf frischer Tat ergriffen worden, die anderen haben ihre Schuld durch authentische und öffentliche Dokumente so klar dargetan, daß es genügt, ihre Identität festzustellen, um zu rufen: Ja, sie sind schuldig!

Bürgerinnen und Bürger. Arbeit und Sicherheit werden aufleben, Familie und Moral triumphieren überall, die Sache der Gerechtigkeit, der Ordnung, der Humanität, der Zivilisation hat gesiegt.

Er geht feierlich die Haupttreppe herab. Beifall. Walzermusik ertönt. Man formiert sich zu Paaren und beginnt zu tanzen. Dunant erscheint wütend auf der Empore über der Haupttreppe. Er geht während seines Monologs die Haupttreppe herab und an den tanzenden Bürgern vorbei zur Rampe.

DUNANT Vernichten wir die beiden Infamen! Die zwei großen Feinde der Menschheit: Der Staat und die Kirche. Sie sind die geistige und moralische Quelle jeder Sklaverei, zwei willkürliche Triebwerke, die ineinandergreifen, der Staat brutal und machiavellistisch, mit heuchlerischem Despotismus, die Kirche verstockt und unehrlich, geschwollen von pharisäischem Dünkel, tyrannisch und fanatisch. Ich bin ich, das genügt. Und ich werde bis zu meinem letzten Atemzuge versuchen, euren ganzen Staatskram moralisch zu vernichten. Ich werde nur allzu rasch erschöpft sein, aber die Christenheit wird alle Schande, die sie in Jahrhunderten angehäuft hat, bezahlen müssen. Ich wünsche Freiheit für die ganze Welt. Es ist feige, gemein und hassenswert, Menschen ihres Gewissens wegen zu verfolgen, wie es heute noch geschieht. Ich verabscheue die Christenheit, ich sehe nicht ein, warum sie sich erlauben sollte, auf mich Anspruch zu erheben und sich in etwas einzumischen, das sie nichts angeht. Ich wünsche, wie ein Hund begraben zu werden, ohne eine einzige eurer Zeremonien, die ich nicht anerkenne. Ich habe nichts mit euch gemein. Ich will begraben werden wie ein Hund.

Laute Musik. Dunant wird von den Tanzenden in den Hintergrund gedrängt und verschwindet. Die Bürger tanzen einen Walzer zur Melodie der Internationale. Nach einer Weile fällt langsam der Vorhang.

Zur Methode

Der Text des Stückes beruht auf authentischem Material. *D.F.*

Die Wahrheit ist einfach und kann immer gemeinverständlich gemacht werden, wenn man sich die Mühe dazu nehmen will. *d'Alembert*

Für die historische Wissenschaft ist es gewiß erwünscht, wenn nicht alle auf *einem* Wege zu ihr gelangen. Denn höchst mannigfaltig ist der Inhalt der Geschichte, und es wird ihm nur sein Recht, wenn sich verschiedenartige Talente, auf verschiedene Weise ausgebildet, ihm widmen.

L. v. Ranke

Der dramatische Dichter ist in meinen Augen nichts als ein Geschichtschreiber, steht aber *über* letzterem dadurch, daß er uns die Geschichte zum zweiten Mal erschafft und uns gleich unmittelbar, statt eine trockene Erzählung zu geben, in das Leben einer Zeit hineinversetzt, uns statt Charakteristiken Charaktere und statt Beschreibungen Gestalten gibt. Seine höchste Aufgabe ist, der Geschichte, wie sie sich wirklich begeben, so nahe als möglich zu kommen. *G. Büchner*

Literatur (Auswahl)

Walter Benjamin, *Paris, die Hauptstadt des XIX. Jahrhunderts*, Frankfurt/M. 1961

Louis Bergeron, François Furet, Reinhart Koselleck, *Das Zeitalter der europäischen Revolution*, Frankfurt/M. 1969

John Desmond Bernal, *Wissenschaft*, Hamburg 1970

Christian Beutler, Günter Metken, *Weltausstellungen im 19. Jahrhundert*, München 1973

Louis-Auguste Blanqui, *Schriften zur Revolution, Nationalökonomie und Sozialkritik*, Hamburg 1971

Asa Briggs (Hrsg.), *Das neunzehnte Jahrhundert*, München 1972

Gaston Castella, *Die Welt im 19. Jahrhundert*, München 1964

Honoré Daumier und die ungelösten Probleme der bürgerlichen Gesellschaft, Berlin 1974

J. Henry Dunant, *Eine Erinnerung an Solferino*, Zürich 1967

Rolf Eckart, *Das Zeitalter des Imperialismus*, München

Friedrich Engels, *Die Lage der arbeitenden Klasse in England*, München 1973

David K. Fieldhouse, *Die Kolonialreiche seit dem 18. Jahrhundert*, Frankfurt/M. 1965

Egon Friedell, *Kulturgeschichte der Neuzeit*, München 1969

Bernard Gagnebin (Hrsg.), *Henry Dunant, Mémoires*, Lausanne 1971

Fernand Gigon, *Henry Dunant*, 1942

Gerda Grothe, *Der Herzog von Morny*, Berlin

Martin Gumpert, *Dunant*, Stockholm 1938

Hans Haussherr, *Wirtschaftsgeschichte der Neuzeit*, Köln 1970

Franz Herre, *Anno 70/71*, Köln 1970

Willy Heudtlass, *J. Henry Dunant*, Stuttgart 1962

Historia Mundi, *Das 19. und 20. Jahrhundert*, Bern 1961

Eric Hobsbawm, *Europäische Revolutionen*, Zürich 1962

Peter Jokostra, *Als die Tuilerien brannten*, Düsseldorf 1970

Wolfgang Jonas, Valentine Linsbauer, Helga Marx, *Die Produktivkräfte in der Geschichte*, Berlin 1969

Carl Graf von Klinckowstroem, *Geschichte der Technik*, Stuttgart

Heinrich Koechlin, *Die Pariser Commune im Bewußtsein ihrer Anhänger*, Basel 1950

Heinz Köller (Hrsg.), *Die Pariser Kommune von 1871*, Berlin 1971

Siegfried Kracauer, *Jacques Offenbach und das Paris seiner Zeit*, Zürich

Roland Krug von Nidda, *Henry Dunant*, Tübingen 1959

Reinhard Kühnl, *Formen bürgerlicher Herrschaft*, Hamburg 1971

Josef Kulischer, *Allgemeine Wirtschaftsgeschichte des Mittelalters und der Neuzeit*, Darmstadt 1971

Kursbuch 36, *Geld*, Berlin 1974

Kursbuch 42, *Unsere Bourgeoisie*, Berlin 1975

P. L. Lavrov, *Die Pariser Kommune vom 18. März 1871*, Berlin 1971

Prosper Lissagaray, *Geschichte der Commune von 1871*, Frankfurt/M. 1971

Charles Morazé, *Das Gesicht des 19. Jahrhunderts*, Düsseldorf 1959

Wilhelm Mommsen, *Geschichte des Abendlandes*, München 1960

Gert v. Paczensky, *Die Weißen kommen*, Hamburg 1970
Guy Palmade, *Das bürgerliche Zeitalter*, Frankfurt/M. 1974
Alan Palmer, Hugh Thomas, *Meilensteine der Geschichte*, Frankfurt/M. 1972
Pariser Kommune 1871, Berlin 1971
Pariser Kommune 1871 Berichte und Dokumente von Zeitgenossen, Frankfurt/M. 1969
Politische Plakate in Paris 1870/71, Berlin
Joanna Richardson, *Die Kurtisanen*, Frankfurt/M. 1968
Günter Roth, *3000 Jahre Soll & Haben*, Stuttgart
Rudolf Rübberdt, *Geschichte der Industrialisierung*, München 1972
Richard Ruland, *Nationen im Aufbruch*, München
Pierre-Paul Sagave, *Berlin Paris 1871*, Frankfurt/M. 1971
Ernst Samhaber, *Das Geld*, München 1964
Dieter Marc Schneider (Hrsg.), *Pariser Kommune 1871*, Hamburg 1971
Robert Schnerb, *Das bürgerliche Zeitalter*, München 1971
Alfred Sohn-Rethel, *Das Geld, die bare Münze des Apriori*, Frankfurt/M. 1976
Werner Sombart, *Der Bourgeois*, München 1923
Werner Sombart, *Der moderne Kapitalismus*, Berlin 1955, 1969
René Sonderegger, *Jean Henry Dunant, Revolutionär*, 1935
Lorenz von Stein, *Geschichte der sozialen Bewegung in Frankreich*, Darmstadt 1972
Dolf Sternberger, *Panorama oder Ansichten vom 19. Jahrhundert*, Frankfurt/M. 1974
Hans Joachim Störig, *Kleine Weltgeschichte der Wissenschaft*, Frankfurt/M. 1970
Helmut Swoboda, *Die Pariser Kommune 1871*, München 1972
Wilhelm Treue, Herbert Pönicke, Karl-Heinz Manegold, *Quellen zur Geschichte der industriellen Revolution*, Göttingen 1966
Veit Valentin, *Weltgeschichte*, München 1959
Frans van der Ven, *Sozialgeschichte der Arbeit*, München 1972
Max Weber, *Die protestantische Ethik*, München 1969